චතුරාර්ය සත්‍යාවබෝධයට ධර්ම දේශනා....

සැබෑ දියුණුවේ රන් දොරටුව

පූජ්‍ය කිරිබත්ගොඩ ඤාණානන්ද ස්වාමීන් වහන්සේ

චතුරාර්ය සත්‍යාවබෝධයට ධර්ම දේශනා....

සැබෑ දියුණුවේ රන් දොරටුව

පූජ්‍ය කිරිබත්ගොඩ ඤාණානන්ද ස්වාමීන් වහන්සේ

© සියලුම හිමිකම් ඇවිරිණි.

ISBN : 978-955-0614-01-1

ප්‍රථම මුද්‍රණය : ශ්‍රී බු. ව. 2554 ක් වූ මැදින් මස පුන් පොහෝ දින
දෙවන මුද්‍රණය : ශ්‍රී බු. ව. 2556 ක් වූ උඳුවප් මස පුන් පොහෝ දින

- සම්පාදනය -

මහමෙව්නාව භාවනා අසපුව
වඩුවාව, යටිගල්ඔළුව, පොල්ගහවෙල.
දුර : 037 2244602
info@mahamevnawa.lk | www.mahamevnawa.lk

- පරිගණක අකුරු සැකසුම, පිටකවර නිර්මාණය සහ ප්‍රකාශනය -

මහාමේඝ ප්‍රකාශකයෝ
වඩුවාව, යටිගල්ඔළුව, පොල්ගහවෙල.
දුර : 037 2053300, 0773216685
mahameghapublishers@gmail.com | www.mahameghapublishers.com

- මුද්‍රණය -

ලීඩ්ස් ග්‍රැෆික්ස් (පුද්.) සමාගම,
අංක 356 E, පන්නිපිටිය පාර, තලවතුගොඩ.

චතුරාර්ය සත්‍යාවබෝධයට ධර්ම දේශනා....

සැබෑ දියුණුවේ රන් දොරටුව

පූජ්‍ය කිරිබත්ගොඩ ඤාණානන්ද ස්වාමීන් වහන්සේ

විසින් පවත්වන ලද සදහම් වැඩසටහන් වලදී දේශනා කරන ලද
සූත්‍ර දේශනා ඇසුරෙනි.

මහාමේඝ
MAHAMEGHA

ප්‍රකාශනයකි

පෙළගැස්ම....

**"දසබලසේලප්පභවා නිබ්බානමහාසමුද්දපරියන්තා
අට්ඨංග මග්ගසලිලා ජිනවචනනදී චිරං වහතූති"**

දසබලයන් වහන්සේ නමැති ශෛලමය පර්වතයෙන් පැන නැගී
අමා මහා නිවන නම් වූ මහා සාගරය අවසන් කොට ඇති
ආර්ය අෂ්ටාංගික මාර්ගය නම් වූ සිහිල් දිය දහරින් හෙබි
උතුම් ශ්‍රී මුඛ බුද්ධ වචන ගංගාව
(ලෝ සතුන්ගේ සසර දුක නිවාලමින්)
බොහෝ කල් ගලාබස්නා සේක්වා!

(සළායතන සංයුත්තය - උද්දාන ගාථා)

නමෝ තස්ස භගවතෝ අරහතෝ සම්මාසම්බුද්ධස්ස
ඒ භාග්‍යවත් අරහත් සම්මා සම්බුදුරජාණන් වහන්සේට නමස්කාර වේවා!

01.
වජ්ජසපජ්ජ සූත්‍රය

(අංගුත්තර නිකාය - අට්ඨක නිපාතය)

ශ්‍රද්ධාවන්ත පින්වතුනි,

බුදුරජාණන් වහන්සේ නමක් මේ ලෝකයට පහළ වෙලා ධර්මය දේශනා කරන්නේ එකම එක ඉලක්කයක් උදෙසායි. ඒ තමයි තමන්ට තමන්ව අවබෝධ කරගන්නා ආකාරය කියා දීම. අපි ලෝකය ගැන හොයනවා. ලෝකය ගැන නොයෙකුත් පර්යේෂණ කරනවා. ඒ තුළින් බාහිර ලෝකයේ විස්තර දැනගන්නවා. නමුත් අපි තමන් ගැන දන්නේ නෑ. බුදුවරු මේ ලෝකයට පහළ වෙලා කියා දෙන්නේ තමා විසින් තමාව අවබෝධ කරගන්නේ කොහොමද කියන කරුණයි. යම් දිනෙක තමා විසින්ම තමාව අවබෝධ කරගත්තොත් තමයි නිදහස් වෙන්න පුළුවන් වෙන්නේ. කාගෙන්ද නිදහස් වෙන්නේ? තමාගෙන්මයි. මේ ආකාරයට තමා තමාගෙන් නිදහස් වෙන ආකාරය අවබෝධ කරගන්නා වැඩපිළිවෙළට තමයි චතුරාර්ය සත්‍යය කියලා කියන්නේ.

මේ ලෝකයට බුදුවරු පහළ වෙන්නේ ඉතාම කලාතුරකින්. කලාතුරකින් මේ ලෝකයට පහළ වූ බුදුරජාණන් වහන්සේ වෙසක් පුන් පොහෝ දවසක නේරංජරා ගං තෙර ඇසතු බෝ රුක් සෙවණේදී, බාහිර කෙනෙකුගේ උපකාරයකින් තොරව, තමන් වහන්සේ විසින්ම තමන් වහන්සේව අවබෝධ කරගත්තා. තමන් වහන්සේගේ ජීවිතය තුළින්ම චතුරාර්ය සත්‍යය ධර්මය අවබෝධ කරගත්තා. ඒ නිසයි උන්වහන්සේ සම්මා සම්බුද්ධත්වයට පත්වුණේ.

ලොව සැරිසරා වඩිනු මැනැව...

සම්මා සම්බුද්ධත්වයට පත්වීමෙන් පසු උන්වහන්සේට මේ විදිහේ සිතුවිල්ලක් පහළ වුණා. මා විසින් අවබෝධ කළ මේ චතුරාර්ය සත්‍ය ධර්මය ඉතාමත් ගැඹුරුයි. දැකීමට දුෂ්කරයි. අවබෝධ කිරීමට දුෂ්කරයි. එහෙත් ඉතාමත් ශාන්තයි. ප්‍රණීතයි. තර්කයෙන් ග්‍රහණය කරගත නොහැකියි. නිපුණයි. ඤාණවන්තයින් විසින්ම අවබෝධ කළ යුතුයි. එහෙත් මේ මිනිස් ප්‍රජාව තණ්හාවේ ඇලිලා ඉන්නේ. තණ්හාවෙන් මුසපත් වෙලා ඉන්නේ. මේ විදිහට තණ්හාවෙන් ඇලුණ, තණ්හාවෙන් සතුටු වෙන, තණ්හාවෙන් මුසපත් වුණ මේ මිනිස් ප්‍රජාවට 'යම් මේ හේතු නිසා මේ ඵල හටගන්නවා' යන පටිච්චසමුප්පාද ධර්මය දකින එක දුෂ්කරයි. ඒ වගේම සියලු සංස්කාරයන් සංසිඳීමෙන්, සියලු උපධීන් (කෙලෙස් සහිත කර්ම) අත්හැරීමෙන්, තණ්හාව ක්ෂය කිරීමෙන්, විරාගී වූ, කෙලෙස්වලින් නිදහස් වූ, යම් නිවනක් ඇද්ද, ඒ දෙය අවබෝධ කිරීමත් ඉතාමත් දුෂ්කර දෙයක්. ඉතින් මම දේශනා කරන මේ දහම අන් අය අවබෝධ නොකර ගත්තොත් ඒකෙන් මම මයි ක්ලාන්තයට පත්වෙන්නේ. මම

මයි වෙහෙසට පත්වෙන්නේ" කියලා. මේ විදිහට සිතූණ උන්වහන්සේ සිත ධර්ම දේශනාව පිණිස නැමුණේ නැහැ.

උන්වහන්සේගේ මේ සිතුවිල්ල දැනගත් සහම්පතී බ්‍රහ්මයා උන්වහන්සේ කරා පැමිණ "ස්වාමීනී, භාග්‍යවතුන් වහන්සේ ධර්මය දේශනා කරන සේක්වා! සුගතයන් වහන්සේ ධර්මය දේශනා කරන සේක්වා! කෙලෙස් අඩු සත්වයෝත් ඉන්නවා. ඔවුන් ධර්මය නොඇසීමෙන් පිරිහීමට පත් වේවි. ධර්මය අවබෝධ කරන අය පහළ වෙනවා" කියලා බුදුරජාණන් වහන්සේට ධර්මය දේශනා කරන්නට ආරාධනා කළා.

මිනිස් පියස නෙළුම් විලක්...

බ්‍රහ්ම ආරාධනාව පිළිගත් උන්වහන්සේ සත්වයන් කෙරෙහි පහළ වන මහා කරුණා ඇසින් ලෝකය දෙස බැලුවා. උන්වහන්සේ දුටුවා සියලුම මිනිසුන් එක වගේ නෙවෙයි. මිනිස් පියස හරියට නෙළුම් පොකුණක් වගේ. මෝරපු නෙළුම් තියෙනවා. නෙළුම් පොහොට්ටු තියෙනවා. වතුර අස්සේ පුංචි නෙළුම් තියෙනවා. කෙලෙස් දූවිලිවලින් වැසී ගිය මිනිසුන් අතරත් මේ මෝරපු නෙළුම් වගේ මිනිස්සු ඉන්නවා. ඒ අයට ධර්මය අවබෝධ කරන්නට තරම් මෝරපු නුවණ තියෙනවා. ඒ අයට ධර්මය අවබෝධ කර ගන්නට පුළුවනි. ධර්මය අසන්නට නොලැබුණොත් ඒ අය පිරිහිලා යනවා කියලා.

ඉන්පසු උන්වහන්සේ මේ විදිහට ප්‍රකාශ කළා. "ලෝක සත්වයන්ට අමා නිවන් දොර විවෘත කළා. සවන් යුග ලබාගත් පින්වතුන්ට දැන් ශ්‍රද්ධාව ඇති කරගන්නට කාලයයි." **(අපාරුතා තේසං අමතස්ස ද්වාරා. යේ සෝතවන්තෝ පමුඤ්චන්තු සද්ධං)** කියලා. උන්වහන්සේ

බැලුවා කාටද මුලින්ම ධර්මය කියලා දෙන්නේ, කවුද මේ ධර්මය ඉක්මනින්ම අවබෝධ කරගන්නේ කියල. උන්වහන්සේට මතක් වුණා තමන් වහන්සේට උදව් උපකාර කළ ආළාරකාලාමව. උන්වහන්සේ දිවැසින් බලද්දී දුටුවා දින හතකට කලින් ආළාරකාලාම මිය ගොස් ධර්මාවබෝධය පිණිස සිත මෙහෙයවිය නොහැකි අසඤ්ඤ ලෝකයක ඉපදී සිටින බව. ඊට පස්සේ උන්වහන්සේට මතක් වුණා උද්දක රාමපුත්තව. උන්වහන්සේ දිවැසින් බැලුවා ඔහු කොහේද ඉන්නේ කියලා. බලද්දී දුටුවා ඔහුත් කලින් දවසේ රාත්‍රියේ මිය ගොස් ධර්මාවබෝධය පිණිස සිත මෙහෙයවිය නොහැකි අසඤ්ඤ ලෝකයක ඉපදී සිටින බව.

බාහිරින් හොයන්න බෑ....

ඊට පස්සේ උන්වහන්සේට මතක් වුණේ පස්වග ශ්‍රමණයන් වහන්සේලාවයි. ඒ වන විට ඔවුන් හිටියේ බරණැස ඉසිපතන මිගදායේ. බුදුරජාණන් වහන්සේ බුද්ධ ගයාවේ ඉඳලා පා ගමනින් බරණැස බලා පිටත් වුණා. බරණැසට ළඟා වෙන්න උන්වහන්සේට සතියක් ගත වුණා. ඈත තියාම පස්වග මහණුන් දුටුවා බුදුරජාණන් වහන්සේ වඩිනවා.

ඉසිපතන මිගදායට වඩින බුදුරජාණන් වහන්සේව පස්වග මහණුන්ට දකින්න ලැබුණා. විශේෂයක් නෑ. පරණ කෙනාමයි. දැකලා එකිනෙකා "ආයුෂ්මතුනි, ශ්‍රමණ ගෞතමයන් වීරියෙන් පිරිහිලා, සිව්පසයේ බහුල බවට වැටිලා තමයි ඔය ආපසු එන්නේ. ඔහුට වඳින්න ඕන නෑ. උපස්ථාන කරන්න ඕන නෑ. පාත්‍රා සිවුරු පිළිඅරග න්න ඕන නෑ. ඒත් කැමැති නම්, වාඩිවෙන්න ආසනයක් විතරක් තියමු" කියලා කතිකා කර ගත්තා.

ඒත් මේ පස්වග මහණුන්ට තමන්ගේ තීරණයේ ඉන්න බැරුව ගියා. බුදුරජාණන් වහන්සේ කෙමෙන් කෙමෙන් ළඟා වෙද්දී එක නමක් ඉක්මනට ගිහින් පා සිවුරු පිළිගත්තා. එක නමක් පා සෝදන පැන් තිබ්බා. එක නමක් ආසනයට පිරුවටයක් දැම්මා.

ආසනයේ වැඩ සිටි බුදුරජාණන් වහන්සේ ඔවුන්ගේ සුවදුක් විමසා සිටියා. "කොහොමද පින්වත් මහණෙනි, දාන මාන ආදියෙන් කරදරයක් නැද්ද?" "ආයුෂ්මතුන් වහන්ස, කිසි කරදරයක් නෑ" කියලා ඔවුන් පිළිතුරු දුන්නා. නමුත් 'ස්වාමීන් වහන්ස' යැයි කිව්වේ නෑ. හරියට තමන්ට සමාන කෙනෙකුට හෝ තමන්ට වඩා බාල කෙනෙකුට කථා කරනවා වගේ 'ආයුෂ්මතුන් වහන්සේ' කියලා තමයි කථා කළේ. බුදුරජාණන් වහන්සේ වදාළා "පින්වත් මහණෙනි, තථාගතයන් වහන්සේට 'ආයුෂ්මතුන් වහන්ස' කියා කථා කරන්න එපා. **(මා භික්ඛවේ, තථාගතං නාමේන ච ආවුසෝවාදේන ච සමුදාචරථ)** පින්වත් මහණෙනි, දැන් තථාගතයන් වහන්සේ අරහත් කෙනෙක්. සම්මා සම්බුදු කෙනෙක්. **(අරහං භික්ඛවේ තථාගතෝ සම්මාසම්බුද්ධෝ)**.

අමා දොර අභියස ... අභිමානවත් ශාස්තෘත්වයේ කරුණාව පැතිර ගිය වගයි...

"පින්වත් මහණෙනි, කණ් යොමන්න. **(ඕදහථ භික්ඛවේ සෝතං)** මා විසින් අමෘතය අවබෝධ කළා. **(අමතමධිගතං)** මම අනුශාසනා කරන්නම්, ධර්මය කියන්නම්. **(අහමනුසාසාමි, අහං ධම්මං දේසේමි)** මා විසින් කරන අනුශාසනය ඒ ආකාරයෙන්ම අනුගමනය කළොත් ඔබ අනිවාර්යයෙන්ම දුකින් නිදහස් වෙනවා.

ඉතින් බුදුරජාණන් වහන්සේ මේ විදිහට කියද්දී ඒ අය

එක පාරටම එය විශ්වාස කළාද? නෑ ... මෙයාලා කල්පනා කළා "එහෙම කොහොමද කරන්නේ? ඔය ආයුෂ්මතුන් වහන්සේ අත්තකිලමථානුයෝගය අත්හැරියනේ. දැන් හොඳ සැප සේ ඉන්නවා. ඔය රූපෙත් පාට වැටිලා තියෙන්නේ. එහෙම කොහොමද සත්‍යාවබෝධ කරන්නේ" කියලා. බුදුරජාණන් වහන්සේ ආයෙමත් වදාළා "පින්වත් මහණෙනි, 'ආයුෂ්මතුන් වහන්ස' කියන්න එපා. තථාගතයන් වහන්සේ දැන් අරහත් සම්මා සම්බුදු කෙනෙක්." දෙවනි වතාවෙත් පිළිගත්තද? නෑ ... එහෙම කොහොමද? කියලා ඇහුවා.

තුන් වෙනි වතාවේදී බුදුරජාණන් වහන්සේ වදාළා "පින්වත් මහණෙනි, මා විසින් මීට කලින් මේ ආකාරයේ දෙයක් ප්‍රකාශ කළ බවක් ඔබ දන්නවාද?" **(අභිජානාථ මේ නෝ තුම්හේ, භික්ඛවේ, ඉතෝ පුබ්බේ ඒවරූපං පභාවිතමේතන්ති?)** එතකොට ඒ පස්වග ස්වාමීන් වහන්සේලා කියනවා "නැහැ ස්වාමීනි" කියලා. අන්න ඒ වචනය වෙනස් වෙච්ච තැන. "ආයුෂ්මතුන් වහන්ස" කිව්වේ නෑ. "ස්වාමීනි" කියලයි කිව්වේ. බුදුරජාණන් වහන්සේ වදාළා "පින්වත් මහණෙනි, තථාගතයන් වහන්සේ අරහං සම්මා සම්බුදුයි. මට අමෘතය හමුවුණා. මම අනුශාසනා කරන්නම්, ධර්මය කියා දෙන්නම්. හොඳට අහගෙන ඉන්න. ඉන්පසු බුදුරජාණන් වහන්සේ අවබෝධ කළ ධර්මය දේශනා කරන්න පටන් ගත්තා.

අන්ත දෙකම අත්හැර... මැදුම් පිළිවෙතක...

එහිදී උන්වහන්සේ මුලින්ම වදාළේ "පින්වත් මහණෙනි, මේ ජීවිතේදී අරහත්වයට පත්වීමට, නිවන් අවබෝධ කිරීමට වුවමනා කෙනා විසින් මුලින්ම කාමසුඛල්ලිකානුයෝගය අත්හරින්න ඕන." ඒ කියන්නේ

කම්සැප විඳින එක අත්හළ යුතුයි. ඊළඟට ඒ කෙනා විසින් අධික ලෙස ශරීරයට දුක් පීඩා දෙමින් විමුක්තිය සොයන එක අත්හරින්න ඕන. ඒ කියන්නේ අත්තකිලමථානුයෝගය අත්හරින්න ඕන.

"පින්වත් මහණෙනි, මා මේ අන්ත දෙකම අත්හැරියා. මා මධ්‍යම ප්‍රතිපදාවට පැමිණුනා. පින්වත් මහණෙනි, මේ මධ්‍යම ප්‍රතිපදාව නුවණැස ලබාදෙනවා. **(චක්ඛුකරණී)** අවබෝධය ලබාදෙනවා. **(ඤාණකරණී)**, කෙලෙස් සංසිඳවනවා. **(උපසමාය)**, විශිෂ්ට ඤාණය ලබා දෙනවා. **(අභිඤ්ඤාය)**, ආර්ය සත්‍ය අවබෝධ කිරීම ඇති කරලා දෙනවා. **(සම්බෝධාය)**, නිවන අවබෝධ කර දෙනවා. **(නිබ්බානාය)** පින්වත් මහණෙනි, මේ මධ්‍යම ප්‍රතිපදාව කියලා කියන්නේ ආර්ය අෂ්ටාංගික මාර්ගයටයි. ඒ කියන්නේ සම්මා දිට්ඨි, සම්මා සංකල්ප, සම්මා වාචා, සම්මා කම්මන්ත, සම්මා ආජීව, සම්මා වායාම, සම්මා සති, සම්මා සමාධි.

මුල්ම බුද්ධ දේශනාව චතුරාර්ය සත්‍යය ගැනයි...

මේ ආර්ය අෂ්ටාංගික මාර්ගයේ පළමු වෙනි අංගය තමයි සම්මා දිට්ඨිය. ඒ කියන්නේ දුක පිළිබඳ අවබෝධ ඤාණය **(දුක්ඛේ ඤාණං)**, දුක හටගැනීම පිළිබඳ අවබෝධ ඤාණය **(දුක්ඛ සමුදයේ ඤාණං)**, දුක නිරුද්ධ වීම පිළිබඳ අවබෝධ ඤාණය **(දුක්ඛ නිරෝධේ ඤාණං)**, දුක නිරුද්ධ වන ප්‍රතිපදාව පිළිබඳ අවබෝධ ඤාණය **(දුක්ඛ නිරෝධගාමිනී පටිපදා ඤාණං)**.

දුක ගැන බුදුරජාණන් වහන්සේ පස්වග භික්ෂූන් වහන්සේලාට බොහෝම පැහැදිලිව තෝරලා දුන්නා.

"පින්වත් මහණෙනි, මෙන්න මේවා තමයි දුක. ඉපදීම ද දුකකි. ජරාවට පත්වීම ද දුකකි. රෝගපීඩා වැළඳීම ද දුකකි. මරණය ද දුකකි. ශෝක වැළපීම් හා කායික මානසික දුක් ද සුසුම් හෙළීම් ද දුකකි. කැමති වන්නා වූ යමක් නොලැබේ නම් එය ද දුකකි. සංක්ෂේපයෙන් කිව්වොත් පංච උපාදානස්කන්ධයෝම දුකකි.

පින්වත් මහණෙනි, මේ දුක හටගන්නේ ත්‍රිවිධ තණ්හාව නිසා. පංච කාමයට ඇති ආශාව (**කාම තණ්හා**), පැවැත්මට ඇති ආශාව (**භව තණ්හා**), නොපැවැත්වීමට ඇති ආශාව (**විභව තණ්හා**).

පින්වත් මහණෙනි, මේ ආශා තුනම ඉතිරි නැතිව නැති කර දමන්න. එතකොට එයා දුකින් නිදහස් වෙනවා. මෙම දුක ඉබේ නැති වෙන්නේ නැහැ. ඒ සඳහා මේ තණ්හා තුන නැති කර දමන ක්‍රමයක් බුදුරජාණන් වහන්සේ පෙන්වා දුන්නා. ඒ තමයි මධ්‍යම ප්‍රතිපදාව. එනම් ආර්ය අෂ්ටාංගික මාර්ගය. භාග්‍යවතුන් වහන්සේ එහිදී මේ චතුරාර්ය සත්‍ය ධර්මය සත්‍ය ඤාණ, කෘත්‍ය ඤාණ, කෘත ඤාණ යන පරිවර්ත තුනකින් හා ආකාර දොළොසකින් යුතුව අවබෝධ කරගන්නා ආකාරය පස්වග භික්ෂූන්ට දේශනා කොට වදාළා.

විශ්වාසනීයත්වයේ ජීවමාන සාධක...

මෙම දේශනාව අහගෙන හිටිය පස්වග භික්ෂූන් අතරින් එක්කෙනෙක් තුළ විශේෂත්වයක් ඇතිවුණා. ඒ තමයි කොණ්ඩඤ්ඤ ස්වාමීන් වහන්සේ. ඇයි, අනිත් ස්වාමීන් වහන්සේලාට වඩා කොණ්ඩඤ්ඤ ස්වාමීන් වහන්සේට විශේෂයක් ඇතිවුණේ?

බුදුරජාණන් වහන්සේ සිද්ධාර්ථ කුමාර අවධියේදී

උන්වහන්සේගේ නම් තැබීමේ උත්සවයට පැමිණි බ්‍රාහ්මණවරු 108 දෙනා අතරින් එක් කෙනෙක් මේ කොණ්ඩඤ්ඤ ස්වාමීන් වහන්සේ. එයා තනි ඇඟිල්ල උඩට උස්සලා කිව්වා "මේ කුමාරයා ඒකාන්තයෙන්ම බුදු වෙන කෙනෙක්" කියලා. අනිත් බ්‍රාහ්මණවරු 107 දෙනාම ඇඟිලි දෙකක් උස්සලා කිව්වා "මේ කුමාරයා ගිහි ගෙදර රැඳෙන්නත් පුළුවනි. රැඳුණොත් සක්විති රජ වෙනවා. ගිහිගෙය හැර දමා පැවිදි වුණොත් බුදු වෙනවා" කියලා.

බුද්ධ කෝලාහලයක්...

කොහොමද මේ අය මේ විදිහට කිව්වේ නැකැත්, කේන්දර බලලාද? නෑ. බුදුරජාණන් වහන්සේ පහළ වෙන්න කලින් මේ ලෝකයේ ඇති වුණා "බුද්ධ කෝලාහලය" කියලා දෙයක්. ඒ තමයි දෙවියන් මිනිසුන් අතර "හෙට අනිද්දා බුදු කෙනෙක් පහළ වෙනවා" කියලා කට කථාවක් පැතිරිලා ගියා. ඉතින් ඍෂීන් වහන්සේලා කොහොමද බුදු කෙනෙක් පහළ වුණාම හඳුනාගන්නේ කියන කාරණය හොයන්න පටන් ගත්තා. ඒ සඳහා ඍෂීන් වහන්සේලා බිහි කළා ශාස්ත්‍රයක්. ඒකට කියනවා "ලක්ඛණ ශාස්ත්‍රය" කියලා. ඔන්න එම ශාස්ත්‍රයෙහි බුද්ධත්වයට පත්වෙන කෙනෙකුගේ ලක්ෂණ සඳහන් කළා. ඒවාට කියනවා දෙතිස් මහා පුරුෂ ලක්ෂණ කියලා. ඒ කාලයේ හිටිය බමුණන් මේ ලක්ෂණ ඉගෙනගෙන හිටියේ. ඔවුන් සිද්ධාර්ථ කුමාරයාව හොඳට පරීක්ෂා කර බැලුවා. අතේ පයේ රෝම කූපයක් පාසා පරීක්ෂා කර බැලුවා. රෝම කූපයකින් රෝම දෙකක් ඇවිල්ලද කියලා බලනවා. දෙකක් ඇවිල්ලා නම් මහා පුරුෂ ලක්ෂණයක් නෑ. එක රෝම කූපයකින් එක රෝමයයි. එයත් උඩු අතට කැරකිලා තමයි තියෙන්නේ. හිනස්සලා බැලුවා. උඩු ඇන්දේත්, යටි ඇන්දේත් දත්

විස්ස බැගින් තියෙනවා (**වීසති වීසති සේතසුදන්තෝ**). චූටි සිරි පතුල් බැලුවා. රත් පැහැ ගත් පාවල සක් ලකුණු තියෙනවා (**චක්කවරංකිත රත්තසුපාදෝ**). චූටි අත් දෙක අරගෙන බැලුවා. දික් ඇඟිලි තියෙනවා (**දීඝංගුලි**)"

තහවුරු වූ විශ්වාසය...

මේ විදිහට විමස විමසා බැලුවා. වෛරෝඩි මාණික්‍යයක් අතට අරන් පෙරළ පෙරළා බලනවා වගේ මේ චූටි කුමාරයාව අතට අරන් පරීක්ෂා කරලා බැලුවා. මේ තමයි ලෝකයේ පහළ වන ශ්‍රේෂ්ඨතම කෙනා කියලා සනිටුහනක් කළා. කොණ්ඩඤ්ඤ බ්‍රාහ්මණයා තවදුරටත් හොඳින් විමසලා බැලුවා. එතුමා දැක්කා ඇහි බැම දෙක මැද්දේ තියෙන ඌර්ණ රෝම ධාතුව. ඒ කියන්නේ රන් පාට කෙස් ගහක් රවුමට කැරකිලා. එය දකුණු පැත්තටයි කැරකිලා තිබුණේ. එතුමා තනි ඇඟිල්ල උස්සලා කිව්වා "මේ කෙනා ඒකාන්තයෙන්ම බුදු වෙනවා" කියලා.

ඉතින් කොණ්ඩඤ්ඤ ස්වාමීන් වහන්සේට මේ විශ්වාසය තිබුණා. කොණ්ඩඤ්ඤ ස්වාමීන් වහන්සේ කල්පනා කළා. "මෙයා බුද්ධත්වයට පත්වෙන්න ඇති." ඉතින් මේ විශ්වාසය නිසා එතුමා හොඳ අවධානයෙන් ධර්ම දේශනාවට සවන් යොමු කළා. බුදුරජාණන් වහන්සේ චතුරාර්ය සත්‍ය ධර්මය දේශනා කළා. එම දේශනාවට හොඳින් සවන් දීගෙන සිටි කොණ්ඩඤ්ඤ ස්වාමීන් වහන්සේ "මේ චතුරාර්ය සත්‍ය ධර්මය කියන්නේ සත්‍යයක් ම යි" කියලා තමා තුළින් අවබෝධ කරගත්තා. ඒ කියන්නේ චතුරාර්ය සත්‍යය පිළිබඳව සත්‍ය ඤාණය ලබාගත්තා. තවත් විදිහකට කියනවා නම් සෝවාන් වුණා. ඉතින් තමන් වහන්සේගේ සිතින් අනුන්ගේ සිත් දකිමින් දහම් දෙසන

අපගේ භාග්‍යවත් බුදුරජාණන් වහන්සේ කොණ්ඩඤ්ඤ ස්වාමීන් වහන්සේට මේ අවබෝධය ඇතිවන ආකාරය දැක වදාළා.

මගඵල ලත් ශ්‍රාවකත්වයේ ඇරඹුම...

බුදුරජාණන් වහන්සේගේ ශ්‍රී මුඛයෙන් ප්‍රීති වාක්‍යයක් පිට වී වදාළා. "භවත් කොණ්ඩඤ්ඤ තෙමේ ඒකාන්තයෙන්ම අවබෝධ කළා, භවත් කොණ්ඩඤ්ඤ තෙමේ ඒකාන්තයෙන්ම අවබෝධ කළා" **(අඤ්ඤාසි වත භෝ කොණ්ඩඤ්ඤො, අඤ්ඤාසි වත භෝ කොණ්ඩඤ්ඤො)** එදා තමයි උන්වහන්සේට අඤ්ඤා කොණ්ඩඤ්ඤ යන නම ලැබුණේ.

ඉන් අනතුරුව මේ විදිහට චතුරාර්ය සත්‍ය ධර්මය දේශනා කරගෙන යද්දී අනෙක් ස්වාමීන් වහන්සේලාටත් "මේ චතුරාර්ය සත්‍ය කියන්නේ සත්‍යයක්මයි" කියන සත්‍යය ඤාණය ඇතිවෙලා සම්මා දිට්ඨියට පැමිණුනා. ඒ සියලු දෙනා වහන්සේටම ආර්ය අෂ්ටාංගික මාර්ගය විවෘත වුණා.

දෙවන දහම් දෙසුමෙන් අරහත්වය කරා...

ඊට පසුව බුදුරජාණන් වහන්සේ අනාත්ම ලක්ඛණ සූත්‍රය දේශනා කොට වදාළා. අනාත්ම ලක්ඛණ සූත්‍රය තුළින් විස්තර වෙන්නේ දුක්ඛ සත්‍යය. එනම් පංච උපාදානස්කන්ධය අනාත්ම වශයෙන් බලන ආකාරයයි. ඒ කියන්නේ පංච උපාදානස්කන්ධය තමාගේ වසඟයේ පවත්වන්න බැරි දෙයක් කියන කාරණය තමා තුළින්ම දකින ආකාරයයි. එම දේශනාව අවසන් වෙනවාත් සමඟම මෙම ස්වාමීන් වහන්සේලා පස්නමටම සත්‍යයි කියා

අවබෝධ වී තිබූ චතුරාර්ය සත්‍යය තුළ කළ යුතු දෙයක් ඇති බවටත් **(කෘත්‍ය ඤාණ)**, එම කළ යුතු දෙය කළ බවටත් **(කෘත ඤාණ)** වශයෙන් පරිපූර්ණ වශයෙන්ම තමන් තුළින්ම අවබෝධ කරගෙන මෙම ගෞතම බුදු සසුනේ ප්‍රථම රහත් ශ්‍රාවකයන් වහන්සේලා පස් නම බවට පත් වී වදාළා.

බුදුරජාණන් වහන්සේ සම්බුද්ධත්වයට පත්වෙලා අවුරුදු හතළිස් පහක් වැඩසිටියා. ඒ අවුරුදු හතළිස් පහ පුරාම උන්වහන්සේ ඔන්න ඔය පණිවිඩයයි ලෝක සත්වයාට දේශනා කොට වදාළේ. එනම්, තමා තුළින් තමාව අවබෝධ කරගැනීමේ ක්‍රමය, චතුරාර්ය සත්‍යය ධර්මය.

බුදුරජාණන් වහන්සේ එදා මුලින්ම පස්වග මහණුන්ට "පින්වත් මහණෙනි, තථාගතයන් වහන්සේ රහතන් වහන්සේ නමක් ය, සම්මා සම්බුද්ධය..." **(අරහං භික්ඛවේ තථාගතෝ සම්මාසම්බුද්ධෝ)** කියලා දේශනා කළා නෙ. අද අපට මෙය එතරම් විශේෂයක් දෙයක් විදිහට නොතේරුණාට එකල සමාජයට මෙය විශාල අභියෝග යක් වුණා. වයස්ගත වැඩිහිටියන් සිටියදී අවුරුදු තිස් පහක වගේ ළාබාල තරුණ පැවිද්දෙක් "තමා අරහං, සම්මා සම්බුද්ධ" කියලා තමන්ව හඳුන්වා දෙද්දී එකල සමාජයේ ගරුබුහුමන්, සැළකිලි සම්මාන ලබපු අනෙක් ප්‍රභූ පිරිස් සලිත වෙලා ගියා.

සදා නොවෙනස් අභියෝග...

උන්වහන්සේ සමාජයට විශාල අභියෝගයක් වුණා වගේම උන්වහන්සේටත් සමාජයෙන් විශාල අභියෝගයක් එල්ල වුණා. තමන් විසින් මේ මේ ගුණධර්ම තමා තුළ

තිබෙනවා කියලා භය නැතිව කියන්න නම්, ඒ ගුණධර්ම තමන් තුළ තිබෙන ඒවා බවට තමන්ට ප්‍රත්‍යක්ෂ වෙන්න ඕන. ඒ විදිහේ ප්‍රත්‍යක්ෂ දැනුමක් තිබුණත් සමාජය ඉදිරියේ නොබියව ප්‍රකාශ කරන එක ලෙහෙසි දෙයක් නොවෙයි. සමාජය තුළින් ඊට එරෙහිව ගොඩක් අභියෝග එල්ල වෙනවා.

බුදුරජාණන් වහන්සේ මුලින්ම "පින්වත් මහණෙනි, තථාගතයන් වහන්සේ රහතන් වහන්සේ නමක්" කියලා පස්වග භික්ෂූන් වහන්සේලාට ප්‍රකාශ කළා. උන්වහන්සේ වැඩසිටිය අවුරුදු හතළිස්පහ පුරාවටම උන්වහන්සේ එය නොබියව කියා සිටියා. අදටත් ඒ ගුණය එහෙම මයි. තමන් වහන්සේ සම්මා සම්බුද්ධයි කියන බව උන්වහන්සේ අවුරුදු හතළිස්පහ පුරාවම නොබියව ප්‍රකාශ කළා. අදටත් කාටවත් එම ගුණයන්ට අභියෝග කරන්න බැහැ.

ගුණය පිළිබඳ තක්සේරුව ප්‍රබල දෙයක්...

සාමාන්‍යයෙන් වර්තමානයේ බොහෝ දෙනෙක් තමන් තුළ තිබෙන ගුණ හැටියට කියන්නේ මෙහෙම දේවල් නොවෙයි. "අපි නම් උම්බලකඩ කෑල්ලක්වත් කන්නේ නෑ..." එහෙම නැත්නම් කියයි "අපව නම් කේන්ති ගස්සන්න බැහැ..." එහෙම කිව්වහම එය සමාජයට අභියෝගයක්ද? නැද්ද? අභියෝගයක්. ඉතින් අනෙක් අය මොකද කරන්නේ? "කේන්ති ගස්සන්න බැහැ කියලා නෙව කියන්නේ... හිටපන්, අපි කේන්ති ගස්සලා පෙන්වන්න..." කියලා කල්පනා කරලා මෙයාට කේන්ති යන විදිහේ දෙයක් කරනවා. අන්තිමේදී එයා දන්නේවත් නෑ කේන්ති යනකල්. අනෙක් අය ලෑස්ති වෙලා ඉන්නේ "ආ... ඔය කේන්ති යන්නේ නෑ කියලා කිව්වේ. ඔය එහෙනම් කේන්ති යන්නේ..." කියලා සමච්චල් කරන්න.

මෙයින් අපට තේරෙනවා ගුණය පිළිබඳ තක්සේරුව කොපමණ ප්‍රබල දෙයක්ද? කියලා. බුදුරජාණන් වහන්සේගේ කාලයේ නොයෙකුත් ශාස්තෘවරු හිටියා. ඔවුන් කොපමණ උපක්‍රම යොදන්න ඇද්ද උන්වහන්සේ තුළ තිබෙන ගුණ නැතෙයි කියල ඔප්පු කරන්න. නමුත් එය කරන්න බැරිවුණා. එයට හේතුව තමයි උන්වහන්සේ තුළ තිබුණු ගුණ නොවෙනස් වන දෙයක්. අරහත්වය කියලා කියන්නේ රාග, ද්වේෂ, මෝහ නැති තත්වයක්. කිසිදා වෙනස් නොවෙන දෙයක්.

අඳුර විනිවිද යන්නේ විමසිලිමත් ශ්‍රාවකත්වයයි...

අපි කෙනෙකුව ගුණ වශයෙන් හඳුනාගෙනයි පහදින්න ඕන. බලන්න පස්වග භික්ෂූන් වහන්සේලාත් බුදුරජාණන් වහන්සේ සම්බුදුයි කියලා කිව්වට එකවරම පිළිගත්තද? නෑ. ඒ අය හොඳට ඒ ගැන විමසුවා. බුදුරජාණන් වහන්සේ "පින්වත් මහණෙනි, මං මීට කලින් ඔබට මෙහෙම දෙයක් කියලා තියෙනවාද?" කියලා ඇසුවහම තමයි ඒ අය පිළිගත්තේ.

ඒ වගේම අපත් යමක් පිළිගන්නට පෙර ඒ ගැන හොඳින් විමසන්න ඕන. අපි කේන්දර පිළිගත්තේ විමසලාද? නැහැ. පරම්පරාවෙන් ආපු නිසා අපි ඔහේ පිළිගත්තා. අපි ඉපදෙන කොටම දෙමව්පියන් උපන් වෙලාව අනුව කේන්දරයක් හදලා. ඉතින් ජීවිත කාලය පුරාම එය පිළිඅරගෙන ඒ අනුව කටයුතු කරනවා. කිසිම වීමංසන බුද්ධියක් නැහැ. කේන්දරේ බලලා කියනවා 'දැන් ශනිගේ අපල... දැන් කේතු ලබලා... දැන් රාහු අපල...' අපි නිකමටවත් විමසලා බැලුවාද, 'කවුද මේ අය? කොහොමද

මේ අය අපට අපල කරන්නේ? අපට අපල කරන්න තරම් බලයක් මේ අයට ලැබුණේ කොහොමද?' කියලා. නැහැ. අන්ධයෝ වගේ කේන්දරය සරණ යනවා. බුද්ධිමත් කෙනෙකුට ගැළපෙන දෙයක් නොවෙයි අපි කරලා තියෙන්නේ.

බුද්ධිමත් නායකත්වයක පිහිට බුද්ධිමත් අයට පමණයි...

අපි මේ විදිහට කළුවරේ දුවන දිවිල්ල අත්හරින්න ඕන. නුවණින් විමසා බැලුවොත් මේ එකම මිථ්‍යා මතයකවත් නිසි පදනමක් නැහැ. නුවණින් අවබෝධ කරගන්න තරම් වටිනාකමක් තිබෙන දෙයක් නැහැ. අන්ධයෝ වගේ සරණ යන්න විතරයි තියෙන්නේ. පැහැදීමක් ඇති කරගන්න තරම් සාරයක් නැහැ. නමුත් බුදුරජාණන් වහන්සේ ගැන එහෙම නොවෙයි.

බුදුරජාණන් වහන්සේ ගැන උන්වහන්සේ විසින්ම අවබෝධයෙන්ම දේශනා කරන ලද පැහැදිළි විස්තර තියෙනවා. උන්වහන්සේ අරහං... සම්මා සම්බුද්ධ... කියලා කියන්නේ වෙනත් කෙනෙක් විසින් දීපු ගුණ නොවෙයි. විභාග පාස් කරලා ලබාගත්තු නම්බුනාම නොවෙයි. තමන් වහන්සේ තුළ ඇති අවබෝධ නිසාම ඇතිවුණ ගුණධර්මයන්. එම ගුණධර්ම ඒ විදිහමයි, වෙන විදිහක් නොවෙයි කියලා උන්වහන්සේ අවුරුදු හතළිස් පහක් පුරාම ක්‍රියාවෙන් ඔප්පු කරලා තියෙනවා. නුවණින් විමසා බලන බුද්ධිමත් කෙනා ඒ ගුණධර්ම ගැන පහදිනවා. නුවණින් විමසන කෙනාට තේරෙනවා මේ ලෝකයේ පහදින්න වෙන කෙනෙක් නොමැති බව. ඕනෑම ආගමක කෙනෙක් මිනිසුන්ගේ ගුණවත්කම් හොඳින් නුවණින්

විමසමින් ගියොත් හමුවෙන්නේ බුදුරජාණන් වහන්සේ විතරයි. ඒ තරම් ගුණවත් කෙනෙක් එයාට කිසිතැනක හමුවෙන්නේ නැහැ.

එතකොට අපට හැකියාව තියෙන්න ඕන උන්වහන්සේව ගුණ වශයෙන් අවබෝධ කරගන්න. හැබැයි ඒ සඳහා සෑහෙන වැඩකොටසක් තියෙනවා. ඒ සඳහා නුවණ අවශ්‍යයි. විමසීමේ හැකියාව අවශ්‍යයි. ධර්මය ඉගෙන ගන්න ඕන. තමනුත් සීලාදී ගුණධර්ම වඩන්න ඕන.

කළුවරට කණාමැදිරියොත් රජවරු වගේ...

බුදුරජාණන් වහන්සේ දේශනා කළා මේ ලෝකයේ සිටින සියලුම සත්වයන් අවිද්‍යාවෙන් වැහිලා **(අවිජ්ජාය නිවුතෝ ලෝකෝ)** ඉන්නේ කියලා. අවිද්‍යාව කියලා කියන්නේ චතුරාර්ය සත්‍යය පිළිබඳ ඇති නොදැනීමයි. එයා දන්නේ නැහැ තමන්ගේ ජීවිතය තමන් විසින් අවබෝධ කරන්නේ කොහොමද කියන කාරණය. ඒ අවිද්‍යා අන්ධකාරයෙන් මුළු ලෝක සත්වයාම වැහිලා ඉන්නේ.

උන්වහන්සේ පෙන්වා දුන්නා ඒක හරියට මේ වගේ දෙයක් කියලා. මහා ඝන අන්ධකාරයකින් වැහුණු ලෝකයක් තිබෙනවා. ඒ අන්ධකාරයෙන් වැහුණු ලෝකය තුළ හිරු, සඳු නැහැ. තරුකා එළියක්වත් නැත. මේ කළුවරේ කණාමැදිරියෝ එහාට මෙහාට ගමන් කරනවා. ඝන අන්ධකාරයේ ඉන්න කෙනාට මේ කණාමැදිරි එළිය පෙනෙන්නේ මහා එළියක් හැටියට. කණාමැදිරියන්ව පෙනෙන්නේ මහා බල සම්පන්න සත්ව කොට්ඨාශයක් හැටියට. මහා ආශ්චර්යවත් සත්ව කොට්ඨාශයක් හැටියට. ඒකට හේතුව මොකක්ද? දැඩි අන්ධකාරයේ ඉන්න නිසා එයාට වෙන දෙයක් පේන්නේ නැහැ. අවිද්‍යා

අන්ධකාරයෙන් වැහුණු ලෝකයෙහි කේන්දර, නැකත්, නිමිති සියල්ලම හරියට කණාමැදිරි එළි වගෙයි.

ඉර පෑයූ ලෝවක අඳුරක් කොයින්ද...?

කෙනෙකුගේ ලෝකයෙහි චතුරාර්ය සත්‍යය අවබෝධය නැමැති ඉර පෑයුවා නම්, එයාගේ ලෝකය තුළ අවිද්‍යා අන්ධකාරය නැහැ. ඉර පායා තිබෙන විට කණාමැදිරි එළි පෙනෙන්නේ නැහැ. කණාමැදිරියෝ හිටියත් ඔවුන් කණාමැදිරියන් ලෙසම හඳුනාගන්නවා. සූර්යයා සූර්යයා ලෙසම අවබෝධ කරගන්නවා. බෞද්ධයෙක් නම් අන්න ඒ වගේ දකින්න පුළුවන් වෙන්න ඕන. එතකොට තමයි එයාට සැබෑ ලෙසම මේ මිථ්‍යා විශ්වාසවල වෙනස හඳුනාගන්න හැකි වන්නේ.

ඒ සඳහා බුදුරජාණන් වහන්සේව ගුණ වශයෙන් හඳුනාගන්න ඕන. එහෙම ගුණ වශයෙන් හඳුනාගෙන, එම ගුණ නුවණින් විමස විමසා තේරුම් ගන්න විට අපේ හිත පහදිනවා. චිත්ත ප්‍රසාදය ඇති වෙනවා. බුදුරජාණන් වහන්සේ ගැන තමාටවත් වෙනස් කරන්න බැරි විදිහේ චිත්ත ප්‍රසාදයක් ඇති කරගන්න ඕන. බුදුරජාණන් වහන්සේගේ ගුණ ගැන පැහැදීම ඇති කරගත් බුද්ධිමත් ශ්‍රාවකයා නිතරම ඉන්නේ ප්‍රබෝධයෙන්. එයා තමයි නියම ශ්‍රාවකයා. එබඳු ශ්‍රාවකයන්ට මෙලොව හා පරලොව දියුණුවට උපකාර වන දේශනා බුදුරජාණන් වහන්සේ විසින් දේශනා කරලා තියෙනවා. අද අප ඉගෙන ගන්නේ අන්න එබඳු ආකාරයේ දේශනාවක්. මේ දේශනාවේ නම ව්‍යග්ඝපජ්ජ සූත්‍රය.

බුද්ධිමත් කාරණය...

ඒ කාලයේ තරුණයෙක් හිටියා 'දීඝජාණු' කියලා. දවසක් මේ තරුණයා බුදුරජාණන් වහන්සේ ළඟට

පැමිණිලා බුද්ධිමත් ප්‍රශ්නයක් ඇහුවා. මොකක්ද ඇසූ ප්‍රශ්නය? "ස්වාමීනි, අපි ගිහි ගෙදර ගත කරන අය. අපි කසී සළු අඳින අය. රන් රිදී, මුතු මැණික් පරිහරණය කරන අය. මල්මාලා, සුවඳ විළවුන් දරන උදවිය. ඉතින් භාග්‍යවතුන් වහන්ස, අපේ මෙලොව ජීවිතයේ යහපත පිණිසත්, මෙලොව සැප පිණිසත්, පරලොව ජීවිතයේ යහපත පිණිසත්, පරලොව සැප පිණිසත් හේතු වන ආකාරයට ධර්මය දේශනා කරන සේක්වා...!" **(භගවා අම්හාකං තථා ධම්මං දේසේතු යේ අම්හාකං අස්සු ධම්මා දිට්ඨධම්මහිතාය දිට්ඨධම්මසුඛාය, සම්පරායහිතාය සම්පරායසුඛායාති)** කියලා. එතකොට මේ තරුණයා ඉල්ලුවේ මෙලොව දියුණුව පිණිස විතරක්ද? නැහැ, පරලොව දියුණුවටත් හේතුවන ධර්මයක් තමයි දේශනා කරන්න කියලා ඉල්ලා සිටියේ.

අන්ධ ලෝකය තුළ සුවපත් දැක්මක්...

මෙයින් අපට එක් කාරණාවක් පැහැදිළි වෙනවා. එනම්, නුවණ තියෙන කෙනා මෙලොව ගැනත් හිතනවා, පරලොව ගැනත් හිතනවා. බුද්ධිමත් කෙනෙක් ඔය දෙකම හිතන්න ඕන. නිකම්ම නෙවෙයි හිතන්න ඕන. දෙලොව ධර්මානුකූලව සාර්ථක කරගැනීම ගැනයි හිතන්න ඕන. යම්කිසි කෙනෙක් මෙලොව ගැන විතරක් හිතනවා නම්, පරලොව ගැන කල්පනා කරන්නේ නැතිනම් එයාට තියෙන්නේ එක ඇහැයි.

යම්කිසි කෙනෙකුට මෙලොව ජීවිතය ධර්මානුකූලව හරිහම්බ කරගෙන සාර්ථක කරගැනීමේ අදහසකුත් නැත්නම්, පරලොව කොහේ ගියහම මොකෝ. ඉන්නකල් කාල බීලා, විනෝදෙන් හිටියම ඇති කියලා හිතනවා නම්, ඒ කෙනාට ඇස් දෙකම නැහැ.

ඇස් දෙකම තියෙන කෙනා කල්පනා කරන්නේ 'මං මේ ගිහි ජීවිතයත් ධර්මානුකූලව සාර්ථක කරගන්න ඕන. පරලොවත් සාර්ථක කරගන්න ඕන' කියලයි. මේ අදහසිනුයි දීඝජාණු තරුණයා ආවේ. එහෙනම් ඔබත් මේ කාරණය හොඳින් මතක තියාගන්න ඕන. ඔබ ගිහි ජීවිතය ගත කරන කෙනෙක් හැටියට දිගටම ඉන්නවා නම්, ධර්ම ශ්‍රවණය, ධර්මය හැදෑරීම, ධර්මය ඉගෙනීම, ධර්ම සාකච්ඡා යන මේ සියල්ල තුළින් ඔබ කරුණු දෙකක් ඉලක්ක කරගෙන තියෙන්න ඕන. එනම්, මෙලොව ජීවිතය සාර්ථක කරගැනීමත්, පරලොව ජීවිතය සාර්ථක කරගැනීමත් යන කරුණු දෙකයි.

මෙලොව ජීවිතය සාර්ථක කරගන්න...

මෙලොව ජීවිතය සාර්ථක කරගැනීම පිළිබඳව බුදුරජාණන් වහන්සේ මේ විදිහට දේශනා කොට වදාළා. උන්වහන්සේ මෙලොව හිත පිණිස, සැප පිණිස හේතුවන කාරණා හතරක් දේශනා කොට වදාළා. ඒ තමයි; උට්ඨානසම්පදා, ආරක්ඛසම්පදා, කළ්‍යාණමිත්තතා, සමජීවිකතා.

1. උට්ඨානසම්පදා :-

නුවණින් යුක්තව නැගී සිටින්න ඕන.

බුදුරජාණන් වහන්සේ වදාළා "පින්වත, යම්කිසි කුල පුත්‍රයෙක් ජීවත් වීම පිණිස මේ විදිහේ රැකියාවන් කරන්න පුළුවනි. එනම් ගොවිතැන වේවා (**යදි කසියා**) වෙළඳාම වේවා, (**යදි වණිජ්ජාය**) ගවයින් රැකබලා ගැනීම වේවා (**යදි ගෝරක්ඛේන**) දුනුවාකම වේවා (**යදි ඉස්සත්තේන**) රාජපුරුෂකම වේවා (**යදි රාජපෝරිසේන**) වෙනත් ශිල්පයක් වේවා (**යදි සිප්පඤ්ඤතරේන**). මේ

කවර රැකියාවක් කළත් ඒ අයට තියෙන්න ඕන උට්ඨාන සම්පදාව.

මේ තමයි ගිහි ජීවිතය සාර්ථක වෙන පළමුවෙනි කරුණ. උට්ඨාන සම්පදා කියන්නේ නුවණින් යුක්තව නැගී සිටින්න පුළුවන් වෙන්න ඕන. බුදුරජාණන් වහන්සේ උට්ඨාන සම්පදාව මේ විදිහට විස්තර කොට වදාළා. රැකියාව කුමක් වුවත්, ඒ ගැන දක්ෂ වෙන්න ඕන (**තත්‍ථ දක්ඛෝ හෝති**). කම්මැලි නැති වෙන්න ඕන. (**අනලසෝ**) උපායශීලී නුවණින් යුක්ත වෙන්න ඕන. (**තත්‍රූපායාය වීමංසාය සමන්නාගතෝ**). උපායශීලී වීමංසනය කියන්නේ පර්යේෂණ කරන්න කියන එකයි. ඊළඟට ඒ ගැන මනා කළමනාකරණයක යෙදෙන්න ඕන. (**අලං කාතුං අලං සංවිධාතුං**).

උන්වහන්සේ දේශනා කළාද 'කිරි උතුරවන්න කියලා...? නැකතට පටන් ගන්න කිව්වද? පූජා වට්ටියක් තියන්න කිව්වද?' නැහැ. උන්වහන්සේ දේශනා කළේ දක්ෂ වෙන්න ඕන. කම්මැලි නැති වෙන්න ඕන. පර්යේෂණ කරන්න ඕන. තමන්ගේ රැකියාවෙන් දියුණු කරා යන අළුත් ක්‍රම පර්යේෂණ කරන්න ඕන. මනා කළමනාකරණයක යෙදෙන්න ඕන. මෙය තමයි ගිහි ජීවිතය සාර්ථක වන පළමු වන කරුණ.

දියුණු වීමේ රහස් නැවතත් මතුකර ගනිමු...

වර්තමානයේ අපේ රටේ බොහෝ දෙනෙක් තුළ මේ සඳහන් කරපු ලක්ෂණ තියෙනවාද? නැහැ. අද බොහෝ දෙනෙක් ව්‍යාපාරයක් පටන් ගන්න කලින් සුභ නැකැත් බලනවා. ඊට පස්සේ කිරි උතුරවනවා. ඊට පස්සේ යන්ත්‍රයක් ඇඳපු තහඩු කෑල්ලක් එල්ලනවා. ඊට පස්සේ හැමදාම ඒකට දුම් අල්ලනවා. ඒ වුණාට හැමදාම

එකතැන. නමුත් බටහිර ලෝකය ගැන සළකා බැලූ විට අපට පේනවා ඒ අය තුළ ඉහත සඳහන් කරපු කරුණු ටික තියෙනවා. දක්ෂ වීම, කම්මැලි නැති වීම, පර්යේෂණ කිරීම, මනා කළමනාකරණය. එනිසාම ඒ උදවිය වේගයෙන් ආර්ථික දියුණුව කරා යනවා. මේ ලක්ෂණ අපි තුළ ඇති කරගත්තොත් අපත් දියුණු වෙනවා.

බලන්න බුදුරජාණන් වහන්සේගේ ආර්ථික දියුණුව පිළිබඳ සිද්ධාන්ත කොයිතරම් නවීනද කියලා. මේ තරම් නවීන ක්‍රමවේදයන් තිබෙද්දී අපි කොහොමද මේ මිථ්‍යා දෘෂ්ටිවල පැටලි පැටලී අතරමං වුණේ? දක්ෂ වීම, කම්මැලි නැතිවීම, පර්යේෂණ කිරීම, මනා කළමනාකරණය යන සිද්ධාන්ත අපි කෘෂිකර්මාන්තය තුළ යොදා ගත්තා නම් අද අපට අවශ්‍ය සහල් අපේ රටේම නිපදවනවා. අතිරික්තය වෙන රටවල්වලට යැවීමට පවා අපට පුළුවන්කම ලැබෙනවා. ගව පාලනයේදී නවීන පර්යේෂණ ක්‍රමවේදයන් යොදාගත්තා නම් අපිම අපට අවශ්‍ය කිරිපිටි නිපදවා ගන්නවා. නමුත් අද අපි මේ සෑම දෙයක් සඳහාම පිටරටකට දත නියවන්නට තරම් අසරණ තත්වයක ඉන්නේ.

ලෞකික ප්‍රයෝජනවත් ගත්තද...?

වර්තමානයේ අපි දියුණුව බලාපොරොත්තු වන්නේ ගුප්ත ක්‍රමයකට. කේන්දර, නැකැත්, පුදපූජාවලින් තමයි ආර්ථික සංවර්ධනයක් බලාපොරොත්තු වෙන්නේ. මෙය කොතරම් අවාසනාවන්තද යත්, බුදුරජාණන් වහන්සේ ධර්මයෙන් අපි ලෞකික ප්‍රයෝජනවත් අරගෙන නැති ජාතියක් බවට පත්වෙලා. මෙලොව දියුණුවට පත්වෙන කරුණු අතරින් පළමුවෙනි කරුණෙන්ම අපි අසාර්ථකයි. ප්‍රායෝගිකව ජීවිතය තුළ බුදු දහම නොමැති වීම නිසා

අපි මොනතරම් පරිහානියකට පත්වෙලා තියෙනවාද? අපට මේ ලෞකික ජීවිතය දියුණු කරගන්න අවශ්‍ය කරන පළමු කරුණ තමයි උට්ඨාන සම්පදා. මේවා තමයි රටක සංවර්ධනය බලාපොරොත්තු වන ආණ්ඩුක්‍රම ව්‍යාවස්ථාවකට ඇතුළත් විය යුතු කරුණු.

2. ආරක්ඛසම්පදා -

ඉපැයූ දේ රැකගන්න.

ඉන්පසු බුදුරජාණන් වහන්සේ වදාළා "පින්වත් තරුණය, මේ විදිහට නැගී සිටි වීරියෙන් යුක්තව හම්බ කළ **(උට්ඨානවීරියාධිගතා)**, අතේ පයේ මහන්සියෙන් හම්බ කළ **(බාහාබලපරිචිතා)**, දහඩිය වගුරුවා හම්බ කළ **(සේදාවක්ඛිත්තා)**, ධාර්මිකව උපයන ලද **(ධම්මිකා ධම්මලද්ධා)**, භෝග සම්පත්... ඒ කියන්නේ ඉඩකඩම්, වතු පිටි, ගෙවල් දොරවල්, යාන වාහන ආදිය රැකගැනීමට අවශ්‍ය කටයුතු සිදුකරන්න ඕන. ඒ කියන්නේ තමාගේ භෝග සම්පත් රජුන් විසින් ගන්නට බැරිවෙන්නට, සොරුන් විසින් පැහැර ගන්නට බැරිවෙන්නට, ගින්නෙන් නොදැවෙන්නට, ජලයට ගසාගෙන නොයන්නට, අප්‍රිය වූ ඤාතීන් අතට පත් වී විනාශ නොවෙන්නට අවශ්‍ය කරන පිළියම් යොදන්නට ඒ කෙනා දක්ෂ වෙන්නට ඕන **(තේ ආරක්ඛේන ගුත්තියා සම්පාදේති චීකින්ති මේ ඉමේ භෝගේ නේව රාජානෝ හරෙය්‍යුං, න චෝරා හරෙය්‍යුං, න අග්ගි ඩහෙය්‍ය, න උදකං වහෙය්‍ය, න අප්පියා දායාදා හරෙය්‍යුන්ති)**. මෙය තමයි මෙලොව ජීවිතය සාර්ථක වීමට හේතු වෙන දෙවෙනි කරුණ.

මේ දේවල් අපි කරලා තියෙනවාද? අපි අප සතු සම්පත් රැකගෙන තියෙනවාද? කවුද අන්‍ය ආගමිකයන්ට

ඉඩම් විකුණුවේ? බෞද්ධයෝමයි. වර්තමානයේ ලංකාවේ සියලු නගරවල ඉන්නේ බෞද්ධයෝද? බලන්න නුවර තත්වය. සිකුරාදාට තේ එකක් බොන්න කඩයක් නැහැ. දළදා වහන්සේ වැඩඉන්න නගරය බෞද්ධයන්ට අයිති නැහැ. කෝ ආරක්ඛසම්පදා? අපි නිකම්ම නිකම් නැකත් බල බලා, සෙත් කවි කිය කියා, පඬුරු බැඳබැඳා, තහඩු කෑලිවලට දුම් අල්ලා හිටියා විතරයි. තමන් සතු සම්පත් රැකගෙන නැහැ. නමුත් බලන්න බුදුරජාණන් වහන්සේ කියන මේ කරුණ බටහිර රටවල තියෙනවා. අන්‍ය ආගම්වල උදවියත් ඇති කරගෙන තියෙනවා. ඒ අය තමන් සතු සම්පත් විනාශ වෙන්න නොදී රැකගෙන ඉන්නවා.

3. කල්‍යාණමිත්තතා -

කළණ මිතුරන් ඇසුරු කරන්න.

මෙලොව ජීවිතයේ සාර්ථකත්වයට බුදුරජාණන් වහන්සේ පෙන්වා දුන් කරුණු හතර අතරින් උට්ඨාන සම්පදා හා ආරක්ඛ සම්පදා ඕනෑම ආගමක කෙනෙකුට ඇති කරගන්න පුළුවනි. නමුත් ඉතිරි දෙක ඇති කරගන්න පුළුවන් වෙන්නේ බෞද්ධයෙකුට විතරයි. ඒ අතරින් තුන්වෙනි කරුණ තමයි කල්‍යාණ මිත්‍රයන් ඇසුරු කිරීම **(කල්‍යාණමිත්තතා)**. මෙලොව ජීවිතය සාර්ථක කර දෙන ආකාරයේ කල්‍යාණ මිත්‍රයෙකු තුළ කරුණු හතරක් තිබිය යුතුයි.

1. ශ්‍රද්ධා සම්පන්න වීම

බුදුරජාණන් වහන්සේ ගැන ගුණ වශයෙන් හඳුනාගෙන අචල ශ්‍රද්ධාවක් ඇති කර ගැනීම.

2. සීල සම්පන්න වීම

සතුන් මරන්නේ නෑ. හොරකම් කරන්නේ නෑ

සල්ලාල ජීවිතයක් ගෙවන්නේ නෑ. බොරු කියන්නේ නෑ. එයාගේ ජීවිතයට මත්පැන්, මත්ද්‍රව්‍ය එකතු වෙලා නෑ.

3. ත්‍යාගවන්ත වීම

4. ප්‍රඥාවන්ත වීම

මේ කරුණු හතරෙන් සමන්විත වූ තරුණ හෝ මහළු හෝ පුද්ගලයෙක් තමන් වෙසෙන ප්‍රදේශයේ සිටිනවා නම්, ඒ කෙනා නිතර ඇසුරු කරන්න ඕන. ඒ කෙනා සමඟ නිතර අල්ලාප සල්ලාපයෙහි යෙදෙන්නට ඕන. නිතර සාකච්ඡා කරන්නට ඕන. එවිට ඒ පුද්ගලයාට අනුව ඔහු ඇසුරු කරන කෙනාටත් ශ්‍රද්ධාවන්ත වීමට හැකි වෙනවා. සීල සම්පන්න වීමට හැකි වෙනවා. ත්‍යාගවන්ත වීමට හැකි වෙනවා. ප්‍රඥාවන්ත වීමට හැකි වෙනවා. මෙය තමයි මෙලොව සාර්ථකත්වයට පත්කරවන තුන්වෙනි කාරණය.

4. සමජීවිකතා -

ආදායමට ගැළපෙන විදිහට වියදම් කරන්න.

මෙලොව දියුණුව ඇති කරදෙන හතර වෙනි කරුණ තමයි සමජීවිකතාව. ඒ කියන්නේ ආදායමට සරිලන විදිහට වියදම් කිරීමට ඉගෙන ගන්න ඕන.

ඒ කියන්නේ යම්කිසි කෙනෙක් තමන් විසින් උපයන ලද ආදායම දැනගෙන (**ආයඤ්ච භෝගානං විදිත්වා**), තමන් විසින් කළ යුතු වියදම ද දැනගෙන (**වයඤ්ච භෝගානං විදිත්වා**), මේ ආකාරයට කටයුතු කළොත් මාගේ වියදම ඉක්මවා ආදායම පවතිනවා (**ඒවං මේ ආයෝ වයං පරියාදාය ඨස්සති**), මාගේ වියදම ආදායම ඉක්මවා පවතින්නේ නැහැ (**න ච මේ වයෝ**

ආයං පරියාදාය ඨස්සති), කියා දැනගෙන ආදායමට නොගැලපෙන ආකාරයෙන් වඩා උසස් නොවූත්, වඩා හීන නොවූත් සමබර ජීවිතයක් ගත කරනවා (**සමං ජීවිකං කප්පේති නාච්චෝගාළ්හං නාතිහීනං**).

මේ ආකාරයට කටයුතු කරනවා නම් එයා ණය වෙනවාද? නැහැ. ඒ කෙනාගේ ව්‍යාපාර බංකොලොත් වෙනවාද? නැහැ. ඒ කෙනාට දියුණු වෙන්න පුළුවන්කම ලැබෙනවා. අපට අහන්න ලැබිලා තියෙනවා මේ ආකාරයට ආදායමට ගැළපෙන විදිහට වියදම් කරන්න බැරි වීම නිසා බංකොලොත් වූ ව්‍යාපාර ගැන. බුදුරජාණන් වහන්සේ පෙන්වා දෙනවා ආදායමට සරිලන ලෙස වියදම් කිරීම හරියට තරාදියකින් මැනලා වගේ කරන්න කියලා.

මඟුල් නෙවෙයි දිඹුල්...

අඩු ආදායමක් උපයමින් ලොකුවට සමාජයට පෙනෙන්න උසස් ජීවිතයක් ගත කරන කෙනා ගැන බුදුරජාණන් වහන්සේ ලස්සන උපමාවකින් පෙන්වා දෙනවා. බුදුරජාණන් වහන්සේ පෙන්වා දෙනවා එයා ජීවත් වෙන්නේ දිඹුල් කනවා වගෙයි කියලා. ඒ කිව්වේ දිඹුල් කන්න ඕන කෙනෙක්, දිඹුල් ගහක් ළඟට ගිහින් එක්කෝ ගහට පොලු ගහනවා. එහෙමත් නැත්නම් ගහට නැගලා ගහ හොල්ලනවා. එතකොට මොකද වෙන්නේ? දිඹුල් ගැටත් වැටෙනවා. පොඩි ගෙඩිත් වැටෙනවා. මෝරපුවත් වැටෙනවා. ඉදිච්චත් වැටෙනවා. ඉතින් එයා ඉදුණු ගෙඩි විතරක් අරගෙන කනවා. ඉතිරි සියල්ලම නාස්ති වෙලා යනවා.

වර්තමානයේ නම් ඔන්න සල්ලි තියෙන මනුෂ්‍යයෙක් ටිකක් වියදම් කරලා තමන් දුවගේ මඟුල් ගෙය ගන්නවා.

මේක දකිනවා එතරම් මිල මුදල් නැති කෙනෙක්. දැකලා මෙයා මොකද කරන්නේ? ලෝකයට ණය වෙලා, අරයට වඩා ඉහළින් තමන්ගේ දුවගේ මඟුල් ගෙය ගන්නවා. සංගීත කණ්ඩායම් ගෙනැල්ලා, මත්පැන් බෝතල් කේස් පිටින් ගෙනැවිල්ලා, හැමෝටම ආරාධනා කරලා මහා ඉහළින් මඟුල ගන්නවා. කන්න බොන්න දෙන නිසා හැමෝම ඇවිත් කාලා බීල විනෝද වෙලා, මෙයාවත් ප්‍රශංසා කරලා යන්න යනවා. සුමානයයි යන්නේ... විවාහයට කලින් ගෙදර වෑංජන දෙකක් එක්ක බත් කෑවා නම්, දැන් කිරි හොදියි බතුයි විතරයි. හේතුව? ණය ගෙවන්න වෙලා. එහෙම ගෙවල් ඕනතරම් තියෙනවා. එතකොට ඒ කෙනා මඟුල් කාලා තියෙන්නේ දිඹුල් කනවා වගෙයි. බුදුරජාණන් වහන්සේ වදාළා ඒ ක්‍රමය කරන්න එපා කියලා. බලන්න උන්වහන්සේගේ අවබෝධය හරිම පුදුමයි.

අනාථ නොවී මැරෙන්න නම්...

ඊළඟට බුදුරජාණන් වහන්සේ තවත් කෙනෙක් ගැන දේශනා කොට වදාළා. ඒ තමයි අධික ලෙස ආදායම් උපයමින් වියදම් නොකර පොදි බඳින කෙනා ගැන. අපි දන්නවා සමහරු අධික ලෙස මිල මුදල් හම්බ කරනවා. හරි හම්බ කර කරා පොදි බඳිනවා. අවශ්‍ය කරුණකටවත් වියදම් කරන්නේ නැහැ. බුදුරජාණන් වහන්සේ වදාළා "ඒ කෙනාට මැරෙන්න සිදුවෙන්නේ අනාථයෙක් මැරෙනවා වගේ" කියලා.

බුදුරජාණන් වහන්සේ වදාළේ තමාගේ ආදායමත්, වියදමත් දැනගෙන ආදායම ඉක්මවා වියදම් නොකර, ආදායමට නොගැලපෙන ආකාරයෙන් වඩා උසස් නොවූත්, වඩා හීන නොවූත් සමබර ජීවිතයක් ගත කරන්න (සමං

ජීවිකං කප්පේති නාච්චෝගාළ්හං නාතිහීනං) කියලයි. බලන්න උන්වහන්සේගේ අවබෝධය කොතරම් පුළුල් අවබෝධයක්ද කියලා.

පරිපූර්ණ ආර්ථික විශ්ලේෂණයක්...

බුදුරජාණන් වහන්සේ ලෞකික ජීවිතයේ සාර්ථකත්වයට බලපාන ප්‍රධාන කරුණු හතරක් පෙන්වා දුන්නා. එනම්,

1. උට්ඨානසම්පදා :-

තම තමන්ගේ වෘත්තීය ජීවිතය පිළිබඳව දක්ෂ වීම, කම්මැලි නැතිවීම, පර්යේෂණ කිරීම, මනා කළමනාකරණය.

2. ආරක්ඛසම්පදා :-

උපයන ධනය විනාශ නොවී රැකගැනීම.

3. කළ්‍යාණමිත්තතා :-

කළ්‍යාණ මිත්‍රයන් ආශ්‍රය කරමින්, කළ්‍යාණ මිත්‍රයන් තුළ ඇති ගුණධර්ම තමාත් ඇති කරගැනීම.

4. සමජීවිකතා :-

ආදායමත්, වියදමත් දැනගෙන ආදායම ඉක්මවා වියදම් නොකර, ආදායමට නොගැලපෙන ආකාරයෙන් වඩා උසස් නොවූත්, වඩා හීන නොවූත් සමබර ජීවිතයක් ගතකිරීම.

අපාය මුඛ හතරෙන් මිදී...

ඊළඟට බුදුරජාණන් වහන්සේ වදාළා මේ ආකාරයට උපයාගන්නා භවභෝග සම්පත් විනාශයට පත්වෙන මාර්ග හතරක් ගැන. එනම්,

1. ඉත්ථිධුත්තෝ (සල්ලාලකම)

යම්කිසි කෙනෙක් සල්ලාලකම ඇති කරගත්තොත් ඒ කෙනා උපයන දේවල් බලාගෙන ඉන්දැද්දී විනාශ වෙලා යනවා. හොඳින් විමසා බලනකොට අපට පේනවා සල්ලාල ජීවිත ගත කරන අයගේ දියුණුවක් නෑ. හම්බ කරන දේවල් විනාශ වෙලා යනවා. සල්ලාලයන්ව ග්‍රහණය කරගන්න නොයෙක් දේවල් සමාජය තුළ තියෙනවා. එනිසා මෙලොව දියුණුව කැමැති කෙනා සල්ලාලයෙක් වෙන්න හොඳ නෑ.

2. සුරාධුත්තෝ (බේබදුකම)

ධනසම්පත් විනාශ වෙන දෙවෙනි මාර්ගය තමයි බේබදුකම. හම්බුකරන දේවල් සියල්ල විනාශ වෙන එකක්. එනිසා බුදුරජාණන් වහන්සේ පෙන්වා දෙනවා බේබදුකම අත්හරින්න කියලා. යම්කිසි ගෙදරක එක් කෙනෙක් බේබද්දෙක් වුණොත් මුළු නිවසම අපායක් වෙනවා.

3. අක්ඛධුත්තෝ (සූදුව)

ඊළඟ එක තමයි සූදුව. සූදුවේ ස්වභාවය තමයි මුලින්ම දිනන්න දෙනවා. පස්සේ ඒ වගේ දහගුණයක් හූරලා ගන්නවා. සූදුවට ඇබ්බැහි වුණු කෙනා අඹු දරුවන්ගෙන් පිරිහිලා යනවා. වස්තුවෙන් පිරිහිලා යනවා.

4. පාපමිත්තෝ (පාප මිතුරු ඇසුර)

ධනසම්පත් විනාශ වෙන ඊළඟ මාර්ගය තමයි පව්ටු මිතුරන් ඇසුර. කළ්‍යාණ මිත්‍රයා ළඟ තියෙන ශ්‍රද්ධා, සීල, ත්‍යාග, ප්‍රඥා කියන ගුණ පාප මිත්‍රයා ගාව නැහැ. එනිසා හොඳ සිහියෙන් හිටියොත් පාප මිත්‍රයාව හඳුනාගන්න පුළුවනි.

ජීවන ජලාශය...

බුදුරජාණන් වහන්සේ මේ ධනසම්පත් විනාශ වන මාර්ග හතර පහදා දෙන්න ලස්සන උපමාවක් දේශනා කොට වදාළා. උන්වහන්සේ වදාළා ඒක හරියට මේ වගේ දෙයක් කියලා. ජලය එකතු කරන දොරටු හතරක් හා ජලය බැහැර කරන දොරටු හතරක් සහිත ජල තටාකයක් තියෙනවා. ඉතින් මනුස්සයෙක් ඇවිල්ලා ජලාශයට වතුර එකතු වෙන දොරටු හතරම වහලා, ජලාශයෙන් ජලය පිටකරන දොරටු හතරම ඇරලා දානවා. මේ කාලයේ වැසි වහින්නෙත් නැහැ. එතකොට ජලාශයට අළුතෙන් වතුර එන්නෙත් නැහැ. තියෙන වතුර ටිකත් අර දොරටු හතරෙන් ගලාගෙන එනවා. රැඳීමක් නැත. බුදුරජාණන් වහන්සේ පෙන්වා දුන්නා සල්ලාලකම, බේබදුකම, සූදුව, පවිටු මිතුරන් ඇසුර නිසා හරියට ජලාශයට වතුර එන දොරටු හතරම වහලා දාලා, වතුර පිටවෙන දොරටු හතරම ඇරලා දැම්මා වගේ තමන් සතු ධනසම්පත්වලින් පිරිහී යනවා කියලා.

යම්කිසි කෙනෙකුගේ ජීවිතය තුළ සල්ලාලකම, බේබදුකම, සූදුව, පවිටු මිතුරන් ඇසුර නැත්නම් හරියට ජලාශයෙන් වතුර පිටවෙන දොරටු හතර වහලා දමලා, වතුර එන දොරටු හතර ඇරියා වගේ තමයි. ඔක්කොම එකතු වෙනවා. හම්බ කරන දේවල් නාස්ති වෙන්නේ නෑ.

පරලොව ජීවිතයත් සාර්ථක කරගන්න...

ඊළඟට බුදුරජාණන් වහන්සේ පරලොව ජීවිතය සාර්ථක වෙන කාරණා හතරක් දේශනා කළා. මෙලොව ජීවිතය සාර්ථක වෙන කරුණු හතරෙහි තුන් වෙනි කරුණෙහි එම කාරණා හතරම අඩංගු වෙලා තියෙනවා.

ඒ තමයි කළ්‍යාණ මිත්‍රයන් ඇති බව. කළ්‍යාණ මිත්‍රයන්ගේ ලක්ෂණ හතරක් තියෙනවා. මොනවාද? ශ්‍රද්ධා, සීල, චාග, ප්‍රඥා. බුදුරජාණන් වහන්සේ පෙන්වා දෙනවා මේ කාරණා හතර පරලොව ජීවිතයේ සාර්ථකත්වය පිණිස පවතිනවා කියලා. මෙයින් අපට පැහැදිලි වෙනවා මෙලොව ජීවිතයේ සාර්ථකත්වයෙන් තොර පරලොව සාර්ථකත්වයක් බලාපොරොත්තු වෙන්න බැරි බව.

මෙලොව සාර්ථකත්වයටත්, පරලොව සාර්ථකත්වයටත් අවශ්‍ය ඒ කරුණු හතර තමයි,

1. සද්ධාසම්පදා :-

බුදුරජාණන් වහන්සේ ගැන අවබෝධාත්මක පැහැදීම.

ශ්‍රද්ධාව කියන්නේ තථාගත බුදුරජාණන් වහන්සේ ගේ අවබෝධය ගැන පැහැදීමයි (**සද්දහති තථාගතස්ස බෝධිං**). බුදුරජාණන් වහන්සේ ගැන බලවත් චිත්තප්‍රසාදයකින් ඉන්නවා. මේ ආකාරයට ඒ භාග්‍යවත් බුදුරජාණන් වහන්සේ අරහං, සම්මා සම්බුද්ධ, විජ්ජාචරණ සම්පන්න, සුගත, ලෝකවිදූ, අනුත්තරෝ පුරිසදම්ම සාරථී, සත්ථා දේවමනුස්සානං, බුද්ධෝ, භගවා කියලා උන්වහන්සේගේ ගුණ පිළිබඳව පැහැදීමක් ඇති කරගන්නවා.

අරහං ගුණය අපි කලින් ටිකක් විස්තර කළා. අරහං කියන්නේ උන්වහන්සේ රාග, ද්වේෂ, මෝහ නැති කෙනෙක්.

උන්වහන්සේ සම්මා සම්බුද්ධ කෙනෙක්. ඒ කියන්නේ උන්වහන්සේ චතුරාර්ය සත්‍යය ගුරූපදේශ නැතිව අවබෝධ කරගත්තා.

සම්බුද්ධත්වයට පත්වෙලා මුල් කාලයේ බෝ

සෙවණේදී උන්වහන්සේට මේ වගේ කල්පනාවක් ඇති වුණා. 'ගුරුවරයෙක් නැතුව, ගුරුවරයෙකුගේ ඇසුරක් නැතුව හිටියොත් දුකින් තමයි ඉන්න වෙන්නේ. ඉතින් මම කොයි වගේ ශ්‍රමණ බ්‍රාහ්මණයෙක්වද ගුරුවරයෙක් හැටියට සත්කාර සම්මාන කරගෙන, ඇසුරු කරන්නේ...' කියලා. බලන්න ප්‍රඥාවන්ත කෙනෙකුගේ ආකල්ප මොන තරම් නිහතමානීද... කියලා.

සීලයෙන් පරිපූර්ණයි...

එතකොට භාග්‍යවතුන් වහන්සේට මෙහෙම හිතුණා. "මං වෙන ශ්‍රමණයෙක්ව හරි, බ්‍රාහ්මණයෙක්ව හරි ගුරුවරයෙක් හැටියට සළකාගෙන ඇසුරු කළ යුත්තේ මට සම්පූර්ණ කරගන්ට බැරිවුණු සීලස්කන්ධයක් තියෙනවා නම්, අන්න ඒ සීලස්කන්ධය සම්පූර්ණ කර ගැනීම පිණිසයි. නමුත් මේ දෙවියන් සහිත, මරුන් සහිත, බඹුන් සහිත, ශ්‍රමණ බ්‍රාහ්මණයින් සහිත ලෝකයේ දෙව්මිනිස් ප්‍රජාව තුළ ගුරුවරයෙක් හැටියට සත්කාර කළ යුතු, ඇසුරු කරගෙන සිටිය යුතු, මට වඩා සිල්වත් වූ වෙන ශ්‍රමණයෙක් වත්, බ්‍රාහ්මණයෙක් වත්, මං දකින්නේ නෑ. බුදුරජාණන් වහන්සේට තේරුණා. සීලය පිළිබඳව ලෝකයෙන් උපදෙස් ගන්න කෙනෙක් නෑ. ඒ කරුණත් සම්පූර්ණයි.

තුන් ලොව පුරා නොසෙල්වෙන සමාධිය...

ඊට පස්සේ බුදුරජාණන් වහන්සේ කල්පනා කළා "සමාධිය ගැන දන්න අය ඉන්න පුළුවන්. සම්පූර්ණ කර ගන්න බැරි වුණු සමාධියක් සම්පූර්ණ කරගන්න උපදෙස් ගන්න පුළුවන් කෙනෙක් මනුස්ස ලෝකයෙහි ඉන්නවද?" කියලා. විමසලා විමසලා බැලුවා. මිනිසුන් අතර එතරම් සමාධියක් දියුණු කරපු කෙනෙක් නෑ.

දෙවියන් අතර ඉන්න පුළුවන්ද කියලා බැලුවා. බලනකොට දෙවියන් අතරත් තමන් වහන්සේට සම්පූර්ණ කරගන්න බැරිවුණු සමාධියක් සම්පූර්ණ කරගැනීමට උපදෙස් දිය හැකි කිසි කෙනෙක් හිටියේ නැහැ. බඹ ලොව බැලුවා. බඹලොවත් නැහැ. පසුව බුදුරජාණන් වහන්සේ තේරුම් ගත්තා මේ තුන් ලෝකයටම සමාධියෙන් අග්‍ර තමන්වහන්සේ කියලා.

තුන් ලොව ජය ගත් බුදු නුවණක මහිමය...

ඊළඟට උන්වහන්සේ කල්පනා කළා ප්‍රඥාවෙන් උපදෙස් ගන්න පුළුවන් කෙනෙක් ඉන්නවාද? විමුක්තිය පිළිබඳ උපදෙස් ගන්න පුළුවන් කෙනෙක් ඉන්නවාද? විමුක්ති ඤාණ දර්ශනය ගැන උපදෙස් ගන්න පුළුවන් කෙනෙක් ඉන්නවාද? කියලා. එහෙම කෙනෙක් තුන් ලෝකයේම නැහැ.

බුදුරජාණන් වහන්සේ කල්පනා කළා "ඉතා හොඳින් අවබෝධ කරගත්තු මේ ධර්මය තියෙනවා. ඒ ධර්මයම ගුරුවරයෙක් වශයෙන් සළකලා ඇසුරු කරගෙන ඉන්න එක තමයි හොඳ" කියලා. බලන්න සම්මා සම්බුදුරජාණන් වහන්සේලාගේ ලක්ෂණය.

හිරු මඬල ඉදිරියේ කණාමැදිරි එළි කොයිබටද...?

ඊළඟට උන්වහන්සේ විජ්ජාචරණ සම්පන්නයි. උන්වහන්සේට තියෙනවා විද්‍යා. බුදුරජාණන් වහන්සේ විද්‍යාවයි, අයිසැක් නිව්ටන්ගේ, ඇල්බට් අයින්ස්ටයින්ගේ විද්‍යාවයි එකයිද? නැහැ. කළුවරේ ඉන්න අයට නම් කණාමැදිරියෝ බබලනවා පේනවා. නමුත් හිරු මඬල

නැඟුණු ආකාසය තිබෙද්දි ඒ කණාමැදිරියෝ බබලන්නේ නැහැ. බුදුරජාණන් වහන්සේගේ විද්‍යාවන් කිහිපයක් අපි දැන් ඉගෙන ගනිමු.

එකක් තමයි චුතූපපාත ඤාණය. ඒ කියන්නේ සත්වයන් කර්මානුරූපව චුතවන ආකාරයත්, කර්මානුරූපව උපදින ආකාරයත් දැකීමේ නුවණ. අපට පෙනෙන්නේ මිනිස්සු මැරෙනවා විතරයි. අපි දකින්නේ හුස්ම නැවතිලා, පපුව නැවතිලා, නාඩි වැටිල්ල නැවතිලා, ඇඟ හීතල වෙලා කියලා විතරයි. ඉතින් අපි කියනවා මේ ඇත්තා මියගියා කියලා. අපි දක්කද මෙයා කර්මානුරූපව චුතවෙලා දැන් අන්න අසවල් තැන උපන්නා කියලා. නැහැ. මෙම චුතූපපාත ඤාණය බුදුරජාණන් වහන්සේගේ විද්‍යාවන්වලින් එකක්. බටහිර ලෝකයේ මෙහෙම විද්‍යාවක් නැහැ.

ඊළඟට බුදුරජාණන් වහන්සේට තිබුණා තව විද්‍යාවක්. ඒ තමයි පුබ්බේනිවාසානුස්සති ඤාණය. එනම්, ඕනෑම කෙනෙකුගේ අතීත ජීවිත දැකීමේ ඤාණය. බුදුරජාණන් වහන්සේට පුළුවන් කල්ප ගණන් ආපස්සට විස්තර කියන්න.

මොනවද සීයේ... මොකද කරන්නේ...?

දවසක් බොහොම හිතට ගත්තු සීයා කෙනෙක් කල්පනා කළා 'මම කවුරුත් නොකළ වැඩක් කරන්න ඕන. කවුරුත් මිහිදන් නොකළ තැනක මගේ මිනිය මිහිදන් කරන්න ඕන...' කියලා. මෙයා එහෙම තැනක් හොයා ගෙන හොයාගෙන යනකොට දැක්කා අතුපතර විහිදී ගිය විශාල නුග ගසක්. එතැන හොඳට පරීක්ෂා කරලා හිතුවා

'මෙතැන නම් කවුරුවත් මිහිදන් කරලා නැහැ. මෙතැන හොඳයි...' කියලා. දැන් මෙයා සේවකයෝ ගෙනල්ලා මෙතැන සුද්ධ කරන්න පටන් ගත්තා.

බුදුරජාණන් වහන්සේ මෙතැනට වැඩියා. "ආ... සීයා මොකද කරන්නේ?" "ස්වාමීනි, මං මේ කරන්න හදන්නේ වෙන කිසිවෙක් නොකළ දෙයක්." "මොකද්ද?" "කවුරුවත් වළ නොදාපු තැනක මම මගේ මිනිය වළදාන්න කල්පනා කළා." බුදුරජාණන් වහන්සේට සිනහ පහළ වුණා. "ඇයි ස්වාමීනි, සිනහා වෙන්නේ?" බුදුරජාණන් වහන්සේ ඇහුවා "සීයාගේ නම මොකක්ද?" ඉතින් සීයා තමන්ගේ නම මේකයි කියලා කිව්වා. බුදුරජාණන් වහන්සේ කිව්වා "සීයේ, සීයා මෙතැනම, ඔය නමින්ම දහහතර දහස් වතාවක් වළලලා තියෙනවා" කියලා. ඒ බුදුරජාණන් වහන්සේගේ පුබ්බේ නිවාසානුස්සති ඤාණය.

ආශ්චර්යමත් බුදු අසිරිය...

ඊළඟට බුදුරාජාණන් වහන්සේට තිබුණා ඉර්ධිවිධ ඤාණය. දවසක් ආනන්ද ස්වාමීන් වහන්සේ ඇසුවා "ස්වාමීනි, භාග්‍යවතුන් වහන්ස, භාග්‍යවතුන් වහන්සේ දිව්‍යලෝකයට මනෝකයින් වැඩම කරලා තියෙනවාද?" කියලා. "ආනන්දය, තථාගතයන් වහන්සේ දිව්‍ය ලෝකයට මනෝකයෙන් වැඩම කරලා තියෙනවා." "ස්වාමීනි, භාග්‍යවතුන් වහන්ස, භාග්‍යවතුන් වහන්සේ දිව්‍යලෝකයට ගොරෝසු කයෙන් වැඩම කරල තියෙනවාද?" "ආනන්දය, භාග්‍යවතුන් වහන්සේ මේ ගොරෝසු ශරීරයෙනුත් දිව්‍ය ලෝකයට වැඩලා තියෙනවා." "භාග්‍යවතුන් වහන්සේ කොහොමද එක කළේ?" "ආනන්දය, මේ හිත හොඳට සියුම් කරනවා. ඉන්පසු කායික ස්වභාවයට මේ හිත

දානවා. දාලා කය හිතේ ස්වභාවයට දියුණු කරනවා. ඒ විදිහට මේ කය දියුණු කරපු ගමන් සුළඟින් පුළුං රොදක් අහසට ඉස්සෙනවා වගේ මේ කය නිකම්ම එසවෙනවා.”

බුදුරජාණන් වහන්සේගේ විද්‍යාව ලෝකයට අහිත පිණිස, දුක් පිණිස පවතින එකක් නෙවෙයි. නමුත් නවීන විද්‍යාව ධර්මයත් එක්ක එකතු වුණ දෙයක් නොවෙයි. ලෝකයට අහිත පිණිස, දුක පිණිස පවතින භයානක බෝම්බ, අවිආයුධ බිහි වුණේ මේ නවීන විද්‍යාව තුළින් ම යි. ඒ වුණාට බුදුරජාණන් වහන්සේගේ විද්‍යාව මානව හිතවාදය පිරී ඉතිරී ගිය විද්‍යාවක්. කරුණාව පිරී ඉතිරී ගිය විද්‍යාවක්.

බුදුරජාණන් වහන්සේට තව විද්‍යාවක් තිබුණා. එය චිත්ත අභ්‍යන්තරය විමස විමසා බැලීම තුළින් ඇති කරගත්තු විද්‍යාවක්. කෙනෙකුගේ ඇඟේ ඇනිලා තියෙන කටු ගලෝලා දානවා වගේ තමන්ගේ හිතේ කෙලෙස් එකිනෙක ඉවත් කළාට පසුව කෙලෙස් ඉවත් කළා කියලා අවබෝධයක් ඇති වෙනවා. ඒ විද්‍යාව තමයි ආසවක්ඛය ඤාණය.

හුදෙකලා විද්‍යාවක් නොවෙයි...

බුදුරජාණන් වහන්සේගේ විද්‍යාව හුදෙකලා විද්‍යාවක් නොවෙයි. ඒ විද්‍යාවට අනුකූල වූ චරණ ධර්ම කියලා කොටසකුත් තියෙනවා. එනම් විද්‍යාවට අනුකූලව හැසිරීමක් තිබෙනවා. බුදුරජාණන් වහන්සේ තමන් වහන්සේගේ ජීවිතය සම්පූර්ණයෙන්ම ගත කළේ විද්‍යාවට අනුවමයි. උන්වහන්සේ පියවරක් තැබුවා නම් තැබුවේ අවබෝධයෙන්මයි. ඇසි පිය හෙලුවා නම් හෙලුවේ අවබෝධයෙන්මයි. ඉරියව් පැවැත්වූවේ අවබෝධයෙන්මයි.

සිවුරු පෙරෙව්වේ අවබෝධයෙන්මයි. උන්වහන්සේ සැතපුණේ අවබෝධයෙන්මයි. උන්වහන්සේ අවදිවුණේ අවබෝධයෙන්මයි. කථා බස් කළේ අවබෝධයෙන්මයි. උන්වහන්සේ සිතුවිලි සිතුවේ අවබෝධයෙන්මයි.

ඊළඟට බුදුරජාණන් වහන්සේ සුගතයි. සුගත කියන්නේ සුන්දර නිවන් මග ගමන් කරලා සුන්දර නිවනට පැමිණුනා කියන එකයි.

ඔක්කොම ලෝක තියෙන්නේ මෙහෙද...?

ඊළඟට උන්වහන්සේ ලෝකවිදූ ගුණයෙන් යුක්තයි. දිව්‍ය ලෝක, බ්‍රහ්ම ලෝක, මනුස්ස ලෝකය, සතර අපාය ආදී සියල්ල ගැන දන්නවා. ලංකාවෙත් ඉන්නවා ලෝකවිදූ වුණ බෞද්ධයෝ කොටසක්. ඒ අය කියනවා දිව්‍ය ලෝක, මනුස්ස ලෝක ඔක්කොම මෙහෙ තියෙන්නේ කියල. ලොකු වාහනයක නෝනා කෙනෙක් ගියහම කියනවා 'ආං.... බලාපං දිව්‍ය ලෝකේ...' දුප්පත් මනුස්සයෙක් දැක්කහම කියනවා 'අන්න බලාපං අපාය...' මේ තමයි මිනිස්සුන්ගේ ලෝකය ගැන තියෙන අවබෝධය.

නමුත් ලෝකවිදූ කියන්නේ ඒකට නොවෙයි. ලෝකවිදූ ගුණයෙන් යුතු බුදුරජාණන් වහන්සේ සෑම ලෝකයක් ගැනම දන්නවා. ඒ ඒ ලෝකවල උපදින ආකාරයත් දන්නවා. ඒ ඒ ලෝකවල උපදින්නේ නැතුව වළකින ආකාරයත් දන්නවා. කිසිම ලෝකයකට යන්නේ නැතිව පිරිනිවන්පාන ආකාරයත් දන්නවා. එයයි සැබෑ ලෝකවිදූ ගුණය.

අනුත්තරෝ පුරිසදම්ම සාරථී...

උන්වහන්සේ දමනය කිරීමට දුෂ්කර අය දමනය කිරීමෙහි අග්‍රයි. බුදුරජාණන් වහන්සේ අකීකරු මනුෂ්‍යයන්ව,

දෙවියන්ව දමනය කරලා තියෙන ආකාරය පුදුමෙනුත් පුදුමයි. ආශ්චර්යයි. ඒ දමනය කිරීම අපට හිතන්නවත් බෑ. සමහර දෙවි මිනිසුන්ව දමනය කිරීමේදී කටයුතු කර තිබෙන ආකාරය අපට හිතාගන්නවත් බැහැ. ඒ තීරණ ගැනීම අපට හිතාගන්නවත් බැහැ. දමනය වෙලා අවසන් වුණහමයි අපට තේරෙන්නේ ඒ ආකාරයට කටයුතු කරලා තියෙන්නේ එයාව දමනය කරගන්නයි කියලා.

සත්ථා දේවමනුස්සානං...

උන්වහන්සේ බැහැදකින්ට දෙවිවරු එනවා. බුදුරජාණන් වහන්සේ ඔවුන්ට උපදෙස් දෙනවා. 'මේ විදිහට සමාධිය වඩන්න... මේ විදිහට ප්‍රඥාව දියුණු කරන්න... මේ විදිහට විදර්ශනා වඩන්න...' එතකොට දෙවිවරු ඒ විදිහට කරනවා. මාර්ගඵල ලබනවා. එහෙනම් දිව්‍ය ලෝක වල දෙවිවරුන්ට මාර්ගඵල ලබන්න පුළුවන්ද? බැරිද? පුළුවන්.

ඊළඟට බුදුරජාණන් වහන්සේ මිනිසුන්ට කියනවා 'මේ විදිහට සිල් රකින්න... මේ විදිහට සමාධිය වඩන්න... මේ විදිහට නුවණින් විමසන්න... මේ විදිහට අවබෝධ කරන්න... මේ විදිහට ප්‍රඥාව ඇති කරගන්න' කියලා. බුදුරජාණන් වහන්සේ දෙවියන්ටත්, මිනිසුන්ටත් ජීවිතය අවබෝධය කරගැනීම පිණිස, සසරින් එතෙර වීම පිණිස අනුශාසනා කරන නිසා දෙවියන්ගේත්, මිනිසුන්ගේත් ශාස්තෘන් වහන්සේ.

බුද්ධ වන සේක...

තමන් වහන්සේ විසින් අවබෝධ කොට වදාළ ශ්‍රී සද්ධර්මය අන් අයටද අවබෝධ කරවීම පිණිස,

ඉතා පැහැදිළි ලෙස, ඉතා සුන්දර ලෙස තෝරා දීමේ කුසලතාවය නිසා උන්වහන්සේ බුද්ධ වන සේක.

බුදුරජාණන් වහන්සේගේ දේශනා කියවන විට ඉතාම පැහැදිළිව පේනවා බොහෝ ගැඹුරු කාරණා උන්වහන්සේ ඉතාම සරල ලෙස විස්තර කර දෙනවා. උන්වහන්සේ චතුරාර්ය සත්‍යය විවිධ ක්‍රමවලින් විස්තර කර වදාළා.

ඊළඟට උන්වහන්සේ මෙපමණ අනන්ත වූ ගුණ සම්භාරයක් දරාගැනීමට තරම් භාග්‍ය සම්පන්න වූ නිසා භගවා යන ගුණයෙන් යුතු වෙනවා. මේ ආකාරයට උන්වහන්සේ තුළ ඇති ගුණ හඳුනාගෙන හිත පහදවා ගැනීම තමයි ශ්‍රද්ධාව කියලා කියන්නේ. මේ ශ්‍රද්ධාව නිසා අපට ලොකු රැකවරණයක් සැලසෙනවා. එය අපට මෙලොව ජීවිතයේ සැප පිණිසත් හේතු වෙනවා. පරලොව ජීවිතයේ සැප පිණිසත් හේතු වෙනවා.

2. සීලසම්පදා :-

පරලොව සැප සළසා දෙන දෙවෙනි කාරණය තමයි සීලය. සීලය දියුණු කරන්න නම් සිහිය අවශ්‍යයි. ඒ වගේම වීරියක් අවශ්‍යයි. සිහියකින්, වීරියකින් තොරව සිල් රකිනවා කියන කරුණ ඉබේ සිදුවෙන්නේ නැහැ. උදාහරණයක් විදිහට හිතමු... අපි යම්කිසි වැඩක් කරමින් සිටින විට මදුරුවෙක් ඇවිදින් වහනවා. සිල් රැකීම පිළිබඳ හොඳ සිහියකින් සිටියේ නැත්නම් එකපාරටම අපි ඒ සතාව තළලා දානවා. නමුත් හොඳ සිහියෙන් සිටිනවා නම් අපි හෙමිහිට ඒ සතාව අතින් ඉවත් කරලා දානවා. මෙයට වීරියක් අවශ්‍යයි. ඉබේ සිදුවන කිසිවක් නැත.

මේ ආකාරයෙන් සිහිය, වීරිය දියුණු කරලා සතුන් මැරීමෙන්, හොරකමින්, සල්ලාල කමින්, බොරුවෙන්, මත්පැන් මත්ද්‍රව්‍ය භාවිතයෙන් වැළකී සිටීම තමයි සීලසම්පදාව කියලා කියන්නේ. බලන්න සීලය අපේ ජීවිතවලට කොයිතරම් රැකවරණයක් ද කියලා.

3. චාගසම්පදා :-

පරලොව සැප සළසා දෙන හතරවෙනි කරුණ තමයි ත්‍යාග සම්පත්තිය. බුදුරජාණන් වහන්සේ දේශනා කරනවා ගිහි ජීවිතය ගත කරන කෙනෙක් ත්‍යාගය පුරුදු කරන්න ඕන කියලා.

මෙන්න නියම අත්හැරීම...

ත්‍යාගය පුරුදු කරන්නේ මේ විදිහටයි.

- **මුත්තචාගෝ** : දන් දීම පිණිස කොටසක් වෙන් කරගෙන තියාගෙන ඉන්නවා. තමන් හරිහම්බ කරන දෙයින් කොටසක් දන් දීම පිණිස වෙන් කරලා තියාගෙන ඉන්නවා. අපි දන්නවා සමහර විට හදිසියේම සිදුවෙන ස්වභාවික විපත්වලදී මිනිස්සු ආධාර ඉල්ලාගෙන එනවා. සමහර තමන්ට අඳින්න බැරි ඇඳුම් කඩමළු පරිත්‍යාග කරනවා. එය නියම පරිත්‍යාගය නොවෙයි. ත්‍යාගය පුරුදු කරන කෙනා කරන්නේ එහෙම නොවෙයි. අපි හිතමු කෙනෙකුට සාරි විස්සක් තියෙනවා. එයා අළුත් සාරියක් වෙන් කරලා තියාගන්නවා අසරණ කෙනෙක් ආවොත් දෙන්න. එය තමයි "මුත්තචාගෝ" කියලා කියන්නේ. එතකොට පරිත්‍යාගය පුරුදු කරන කෙනා නිතරම දෙන්න යමක් සුදානම් කරලා තියාගෙන ඉන්න කෙනෙක්.
- **පායතපාණී** : දන් දීම පිණිස අත් සෝදාගෙන ඉන්නේ,

- **වොස්සග්ගරතෝ** : පරිත්‍යාගයෙහි ඇලිලා,
- **යාචයෝගෝ** : යමක් ඉල්ලන්න සුදුසුයි,
- **දාන සංවිභාගරතෝ** : දන් පැන් බෙදීමෙහි ඇලී වාසය කරනවා.

මෙන්න මේ ආකාරයට මසුරුමළ රහිත සිතින් යුතුව ගිහි ගෙදර වාසය කිරීම (**විගතමලමච්ඡරේන චේතසා අගාරං අජ්ඣාවසති**) තමයි චාගසම්පදාව කියලා කියන්නේ.

4. පඤ්ඤාසම්පදා :-

පරලොව දියුණුව සළසා දෙන ප්‍රළඟ කාරණය තමයි ප්‍රඥාව. මෙලොව දියුණුව පිණිස උපකාර වන ආකාරයේ ප්‍රඥාවකුත් තියෙනවා. ඒ තමයි උපායශීලී, වීමංසන නුවණ (**තත්‍රෑපායාය විමංසාය සමන්නාගතෝ**). නමුත් පරලොව සැප පිණිස හේතු වන ප්‍රඥාව කියලා අදහස් කරන්නේ ඇති වීම, නැති වීම ගැන ඇති ප්‍රඥාවයි. (**උදයත්ථගාමිනී පඤ්ඤා**) ඒ තමයි විදර්ශනා ප්‍රඥාව.

විදර්ශනා ප්‍රඥාව කියන්නේ මනාකොට දුක අවසන් වීම පිණිස පවතින්නා වූ ආර්ය ප්‍රඥාවයි. (**අරියාය නිබ්බේධිකාය සම්මා දුක්ඛක්ඛයගාමිනියා**) එනිසා මෙයින් අපට පැහැදිලිව පේනවා ගිහි ජීවිතය ගත කරන කෙනා හරි හම්බ කළා කියලා, ඉඩකඩම් ගත්තා කියලා, විනෝදයෙන් හිටියා කියලා, මල් සුවඳ විලවුන් දැරුවා කියලා අඥාන කෙනෙක් නොවෙයි. පරලොව සැප සළසා ගනු කැමැති ගිහි ජීවිතය ගත කරන කෙනා ජීවිතය පිළිබඳ අවබෝධයක් ඇති කෙනෙක්.

චතුරාර්ය සත්‍යයමයි රැකවරණය...

ඒ කෙනා කියන්නේ අනිත්‍ය දෙය අනිත්‍ය වශයෙන්,

දුක් දෙය දුක් වශයෙන්, අනාත්ම දෙය අනාත්ම වශයෙන් දන්නා කෙනෙක්. එතකොට ඒ කෙනා සම්බන්ධ වෙලා ඉන්නේ චතුරාර්ය සත්‍ය ධර්මයත් එක්කයි. චතුරාර්ය සත්‍යය සම්බන්ධ වුණ ජීවිතයක් සාර්ථක ජීවිතයක් බවට පත්වෙනවා. එයා තමන්ගේ මේ සැලසුම් සියල්ල කරන්නේ මේ තුළ ඉඳලා. බුදුරජාණන් වහන්සේගේ ධර්මය තුළ අනිත්‍ය, දුක්ඛ, අනාත්ම... ත්‍රි ලක්ෂණය කතා කරන්නේ. අතීතයේ බොහෝ රජවරු හිටියා. ඒ උදවිය සදාකාලිකව ඉන්න හිතාගෙන විශාල පවුරු බැන්දා. විශාල ගේට්ටු දැම්මා. දිය අගල් දැම්මා. උඩට ආයේ අගල් දැම්මා. හැමතැනම සේවකයො දාලා ආරක්ෂා ස්ථාන දැම්මා.

නමුත් දැන් මොකද වෙලා තියෙන්නේ? ඒ මාලිග ාවලුත් දැන් නෑ. ඒ රජවරුත් දැන් නෑ. ඒ අය හම්බ කරපුවාත් නෑ. ඒ අය කාපු වළඳපුවත් දැන් නෑ. නමුත් අනිත්‍ය ගැන කථා කරපු ධර්මය තාම තියෙනවා.

සතුටින් පරලොව යන්න සූදානම්ද?

එතකොට බුදුරජාණන් වහන්සේ මේ ජීවිතය අනිත්‍යයි කියලා දේශනා කළා. කෙනෙකුට මේ ඇස ගැන, කණ ගැන, නාසය ගැන, දිව ගැන, කය ගැන, මනස ගැන අවබෝධයක් තිබෙන්න ඕන. ඒ අවබෝධයත් සමඟ තමයි ඒ කෙනා සතුටින් මෙලොව අතහැරලා පරලොව යන්නේ. ඒ තුළින් තමයි එයාට තමන්ගේ පරලොව ජීවිතය සැපවත් කරගන්න ලැබෙන්නේ.

එතකොට පරලොව ජීවිතය සාර්ථක කරගන්න කෙනා තුළ ශ්‍රද්ධාව තියෙනවා. සීලය තියෙනවා. ත්‍යාගය තියෙනවා. ප්‍රඥාව තියෙනවා. ඒ කෙනා ගොඩක් මහන්සි වෙලා ධනය ඉපැයුවා කියලා, ආදායමට සරිලන විදිහට

වියදම් කළා කියලා ඒවාට අධික ලෙස ගිජු වෙලා නෑ. මොකද හේතුව? එයා ජීවිතය ගොඩනගලා තියෙන්නේ පරලොව සුගතියේ උපදින අපේක්ෂාව තියාගෙනයි. ඒ නිසා ජීවිතයට සම්පූර්ණයෙන්ම ධර්මය ලබාගන්න පුළුවන් වුණා. දැන් අපට පැහැදිලිව පේනවා බුදුරජාණන් වහන්සේ ධර්මය දේශනා කරලා තියෙන්නේ චතුරාර්ය සත්‍ය අවබෝධය බැහැර කරලා නෙමෙයි. ඒකට හේතුව තමයි උන්වහන්සේට දෙව් මිනිස් ප්‍රජාව පිළිබඳවම අනන්ත කරුණාවක් තිබීම.

සමහර විට මේ දීඝජානු තරුණයා බුදුරජාණන් වහන්සේ ළඟට පැමිණුනේ මෙච්චර දෙයක් දැනගෙන නෙමෙයි වෙන්න පුළුවන්. නමුත් බුදුරජාණන් වහන්සේ 'මෙලොව ජීවිතයේ දියුණුව පිණිස මේ මේ දේවල් කරන්න... මෙලොව ජීවිතය ආසාර්ථක වන කරුණු ටික ඔබ බැහැර කරන්න... ඊළඟට පරලොව ජීවිතය සාර්ථක වන මේ කුරුණු ඔබ ඇති කරගන්න...' කියලා පෙන්වා දුන්නා. එහෙනම් අපි විසිනුත් කළ යුත්තේ ද මේ දෙයයි.

පරදින්න ඉඩ වැඩියි....

අපි ශ්‍රද්ධාවට නොපැමිණ සැකයෙන් සිටියොත් අමාරුවේ වැටෙනවා. හොඳටම වයසට ගිය සමහරු ඉන්නවා. ඒ උදවියගෙන් "දැන් ඉතින් කොහොමද? ජීවිතය පිළිබඳ සතුටු ඇති නේද?" කියලා ඇසුවොත් 'සතුටුයි' කියලා කියනවා. ඊට පස්සේ "ජීවිත කාලය තුළ හොඳට පින් දහම් එහෙම කරගෙන ඇති නේද?" කියලා ඇසුවහම 'පිනුත් කරගත්තා...' කියනවා. ඊට පස්සේ "එහෙනම් සුගතියේ යයි නේද?" කියලා ඇසුවහම "එහෙම කියන්න බෑ" කියලා කියනවා. ඒ මොකද?

"චුති චිත්තය මත තමයි ඔක්කොම රැඳිලා

තියෙන්නේ. චුති චිත්තය කොහේ ගෙනියයිද කියලා කියන්න දන්නේ නෑ...” කියලා කියනවා. එතකොට එයා සුගතිය පිළිබඳව අපේක්ෂා රහිතවයි ඉන්නේ. සැකයෙන් ඉන්නේ. එතකොට වරදින්න සියයට අනූ නවයක ඉඩකඩක් තියෙනවා.

බුදුරජාණන් වහන්සේගේ කිසිදු දේශනයක “ආ... චුති චිත්තයට මොනවා හරි වුණොත් කරන්න දෙයක් නෑ” කියලා පෙන්වා දීලා නැහැ. බුදුරජාණන් වහන්සේ හැම වෙලාවේම පෙන්වා දුන්නේ ‘මේ ආකාරයට මෙලොව ජීවිතය සාර්ථක කරගන්න. මේ ආකාරයට පරලොව ජීවිතය සාර්ථක කරගන්න. මේ විදිහට සිත තුළ ශ්‍රද්ධාව පිහිටුවා ගන්න” කියලයි. බලන්න එතකොට ජීවිතය පිළිබඳ මොනතරම් අවබෝධයක් ඇතුවද මේ ගමන යන්න තියෙන්නේ කියලා.

දැන් වැඩට බහින්න...

එහෙනම් බුදුරජාණන් වහන්සේ විසින් පෙන්වා දුන්න මේ කරුණු ඔබ තුළ ඇති කරගන්න. ව්‍යාපාර කරන අය පෙර සූදානමක් ඇති කරගන්න ඕන. කළමණාකරණයේ යෙදෙන්න පටන් ගන්න ඕන. ආදායම් උපදවන්න පටන් ගන්න ඕන. ඉඩකඩම් ගන්න පටන් ගන්න ඕන. ඒවා ආරක්ෂා කරන්න පටන් ගන්න ඕන. කල්‍යාණ මිත්‍රයන් වෙන්න පටන් ගන්න ඕන. ධනය නාස්ති වෙන කටයුතු ඔක්කොම අයින් කරන්න පටන් ගන්න ඕන. උපයන දේවල් නාස්ති නොකර පරිහරණය කරන්න පටන් ගන්න ඕන.

ඊළඟට අර අපාය මුඛ හතර වහලා දැම්මහම භය වෙන්න දෙයක් නෑ. මොනවාද ඒ? සල්ලාලකම, බේබදුකම, සූදුව, පව්ටු මිත්‍රයෝ ආශ්‍රය.

ඊට පස්සේ ශ්‍රද්ධාව දියුණු කරන්න පටන්ගන්න ඕන. හොඳට සිල් ආරක්ෂා කරන්න පටන්ගන්න ඕන. ත්‍යාගය පුරුදු කරන්න පටන් ගන්න ඕන. බුදුරජාණන් වහන්සේගේ ධර්මයට අනුව ප්‍රඥාවන්තයෙක් වෙන්න අවශ්‍ය කටයුතු පටන්ගන්න ඕන.

ඒ විදිහට කරගෙන යද්දී තව විශේෂ කරුණක් මතක තබාගන්න ඕන. ඒ තමයි මේක කයිවාරු ගහලා කරන්න බැරි වැඩක්ය කියන කරුණ. 'බලාපන්... මං තව සුමානයකින් සිල් රකලා පෙන්වන්නම්. මට තුන් මාසයක් විවේකයෙන් ඉන්න තිබ්බා නම්, මේක කරගන්න පුළුවන්...' කිය කියා කයිවරු ගහලා මේක කරන්න බැහැ. කවදාවත් කටින් කියලා ගුණධර්ම රකින්න බෑ. ක්‍රියාවෙන්මයි පුරුදු කරන්න ඕන.

ගුණධර්ම ප්‍රදර්ශනය භයානකයි...

ඊළඟ කරුණ තමයි ඔබ මේ ගුණධර්ම දියුණු කරනවා නම්, ඒක ඔබේ ජීවිතය තුළ පෞද්ගලික කරුණක් කරගන්න ඒවා කියන්න යන්න එපා. ප්‍රදර්ශනය කරන්න යන්න එපා. 'මං නම් සමාධිය හදාගත්තා. ඔයා තාම නැද්ද?' ආදී විදිහට අහන්න යන්න එපා. කවුරුහරි ඔබෙන් ඇහුවොත් 'දැන් කොහොමද?' කියලා 'මමත් ඉතින් කරගෙන යනවා. ඕව ඉතින් කියන්න බැහැ නෙව' කියලා කියන්න ඕන. එතකොට තමයි ඒ කෙනා නිහතමානීව ධර්මය තුළ ඉදිරියට ගමන් කරන්නේ. ධර්ම මාර්ගය තුළ දියුණුව සම්පූර්ණයෙන්ම රැඳිලා තියෙන්නේ එයාගේ මේ ගුණධර්ම අප්‍රකටව පැවැත්වීමෙන්. ධර්ම ඥාණය ලබා ගැනීමත් එහෙමයි. එහෙම නැත්නම් මේ සඳහා තියෙන බාධා වැඩි වෙනවා.

නියම පැහැදීම බුදුරජාණන් වහන්සේ ගැන, ධර්මය ගැන, ශ්‍රාවක සඟ පිරිස ගැනයි...

තමන් ධර්ම මාර්ගයේ යනවා කියලා කවුරුවත් දැනගන්න ඕන නෑ. තමන් දැනගත්තහම ඇති. වෙන කෙනෙක් ඇහුවොත් කියන්න 'බුදුරජාණන් වහන්සේ වදාළා... මේ විදිහට වදාළා...' කියලා. ඒ විදිහට කියන කෙනාගේ අවබෝධය නිවැරදියි. තව කෙනෙක් 'අපට නම් ඤාණානන්ද හාමුදුරුවෝ කිව්වේ මෙහෙමයි.' කියලා කිව්වොත්, ඒ කෙනාගේ දැනුම වැරදියි. ඒකට හේතුව තමයි එතකොට ඒ කෙනා පැහැදිලා ඉන්නේ බුදුරජාණන් වහන්සේ ගැන නොවෙයි. එයා පැහැදිලා ඉන්නේ ඤාණානන්ද හාමුදුරුවෝ ගැනයි. එය නිවැරදි පැහැදීමක් නොවෙයි.

සිතේ පැහැදීම ඇති කරගන්න ඕන බුදුරජාණන් වහන්සේ ගැනයි. සිතේ පැහැදීම ඇති කරගන්න ඕන බුදුරජාණන් වහන්සේ වදාළ ධර්මය ගැනයි. සිතේ පැහැදීම ඇති කරගන්න ඕන බුදුරජාණන් වහන්සේගේ ශ්‍රාවක සඟ පිරිස ගැනයි. තනි පුද්ගලයෙක් ගැන පහදිනවා නම් පහදින්න තියෙන්නේ බුදුරජාණන් වහන්සේ ගැන පමණයි. පිරිසක් ගැන පහදනවා නම් පහදින්න තියෙන්නේ භික්ෂූන් වහන්සේලා ගැනයි.

අපි ඉගෙන ගත්ත මේ දේශනාවේ නම 'ව්‍යග්ඝපජ්ජ සූත්‍රය' මෙම දේශනාව ඇතුළත් වෙලා තියෙන්නේ අංගුත්තර නිකාය තුළයි. මෙම සූත්‍රයෙන් අපි ශ්‍රද්ධාව ගැන ඉගෙන ගත්තා. නව අරහාදී බුදු ගුණ සිහි කිරීම ගැන ඉගෙන ගත්තා. නමුත් කෙනෙක් කියනවා 'ඔච්චර බුදු ගුණ සිහි කරන්න ඕන නෑ... එකක් සිහි

කරපුවාම ඇති...' කියලා. එතකොට කෙනෙක් කියනවා 'අපට ඤාණානන්ද හාමුදුරුවෝ කියා දුන්නේ ඔහොම නෙමෙයි නෙව' කියලා. එතකොට ඒ මතය හරිද? වැරදියිද? වැරදියි.

ස්වාධීන දැනුම බුද්ධිමත් ශ්‍රාවකත්වයක සලකුණක්...

එතකොට එයා කියන්න ඕන කොහොමද? 'බුදුරජාණන් වහන්සේ ව්‍යග්ඝපජ්ජ සූත්‍රයෙන් අපට දේශනා කළේ එහෙම නොවෙයි. උන්වහන්සේ එහිදී නව අරහාදී බුදු ගුණ සිහිකරන්න කියා අපට උගන්වා තිබෙනවා.' කියලා කියන්න ඕන. මේ විදිහට බුද්ධ දේශනාව ඇසුරු කරගෙන, ඒ දේශනාවේ නම මතක තියාගෙන දැනුම ගන්න. එතකොට ඒ දැනුම ඔබේ දැනුමක් බවට පත්වෙනවා. ස්වාධීන දැනුමක් බවට පත්වෙනවා. එහෙම නැතුව එක එක පුද්ගලයා මේ මේ විදිහට කිව්වා කියලා මතක තබා ගත්තොත් එය ස්වාධීන දැනුමක් බවට පත්වෙන්නේ නැහැ. ඔබ පහදින්න ඕන පුද්ගලයෙන්ට නොවෙයි. පහදින්න ඕන බුදුරජාණන් වහන්සේට, බුදුරජාණන් වහන්සේගේ ධර්මයට. එතකොටයි නියම විදිහට ධර්මය ගත්තා වෙන්නේ.

එහෙම නැතිව ධර්මය කියන කෙනාගේ මුහුණ බල බලා ගියොත් කවදාවත් ධර්මය අවබෝධ කරන්න වෙන්නේ නෑ. පහදින්න ඕන බුද්ධ දේශනා ගැනමයි. එහෙම පැහැදීමක් ඇති කරගත්තොත් ඒ දැනුම ස්වාධීන දැනුමක්. ඔබ බුදුරජාණන් වහන්සේ විසින් වදාළ දේශනා ඇසුරු කරගෙන 'බුදුරජාණන් වහන්සේ මෙන්න මේ විදිහට මේ දේශනාවේ දේශනා කරලා තිබෙනවා....

මේ දේශනාව තුළ මෙන්න මේ විදිහට දේශනා කරලා තිබෙනවා...' කියලා කථා කරන්න ඕන. එතකොට කාටවත් මොකුත් කියන්න බෑ. ඒක නිවැරදි දහම් දැනුමක්. ඔබ ඒ ආකාරයේ දැනුමක් ඇති කරගන්න ඕන.

ඒ විදිහට ධර්ම ඥාණය දියුණු කරගෙන, ශ්‍රද්ධා, සීල, ත්‍යාග, ප්‍රඥා දියුණු කරගෙන, ඔබත් මේ ජීවිතයේදීම චතුරාර්ය සත්‍ය නම් ඒකායන සත්‍යයක්මයි කියන කරුණ අවබෝධ කරගෙන, මේ ගෞතම බුදු සසුනේදීම අමා මහා නිවන් සුව අවබෝධ කරගැනීමට ප්‍රඥාව උදා කරගනිත්වා!

සාදු! සාදු!! සාදු!!!

නමෝ තස්ස භගවතෝ අරහතෝ සම්මාසම්බුද්ධස්ස
ඒ භාග්‍යවත් අරහත් සම්මා සම්බුදුරජාණන් වහන්සේට නමස්කාර වේවා!

02.
චූළ සකුළුදායී සූත්‍රය
(මජ්ඣිම නිකාය 2 - පරිබ්බාජක වර්ගය)

ශ්‍රද්ධාවන්ත පින්වතුනි,

අද අපි ඉගෙන ගන්නේ මජ්ඣිම නිකායට අයිති දේශනාවක්. මේ දේශනාවේ නම **'චූළ සකුළුදායී සූත්‍රය'**. මේ දේශනාවේ ඉගෙන ගන්න පෙර කරුණු කිහිපයක් මතක් කරන්න කැමැතියි. ඒ තමයි අපට මේ දේශනාව ලැබුණේ කොහොමද කියලා. අපි මේ කථා කරන්නේ මජ්ඣිම නිකාය කියන උතුම් ග්‍රන්ථරත්නය අපේ අතට ලැබුණේ කොහොමද කියලා. මේ ඉතිහාසය කියන්න කල්පනා කළේ කරුණු කිහිපයක් නිසා.

රස රහසක්...

ලංකාවේ බෞද්ධ ජනතාව ධර්මය දන්නේ නෑ කියලා කියන එක රහසක් නොවෙයි. ධර්මය නොදැනීම නිසාම මෝඩකමෙනුත් මෝඩකමට පත්වුණු පිරිසක්

ලංකාවේ ඉන්නවා කියන එක නම්, අපට ඉර හඳ වගේ පැහැදිලි දෙයක්. මේ නිසාම අතරමං වීම්වල කෙළවරක් නෑ. මේ කෙළවරක් නැති අතරමං වීම්වලට ගොදුරු වුණේ ධර්මය පිළිබඳව නිරවුල් අවබෝධයක් නොමැති වීම නිසාමයි. නැතුව ඉබේ සිදුවුණ එකක් නොවේ. අධර්මවාදීන් කියාගෙන යන කථාවල් තමයි "හා... හා... පොත්පත් කියවන්න ඕන නෑ. භාවනා කළහම ඇති. එතකොට ධර්මය භාවනාවෙන්ම මතුවෙලා එනවා" කියලා. මෙය සම්පූර්ණයෙන්ම අසත්‍යයක්. අධර්මයක්. එහෙම වෙනවා නම් අපට තෙරුවන් සරණ අවශ්‍ය නෑ. බුදුකෙනෙක් මේ ලෝකයට පහළ වෙන්න අවශ්‍ය නෑ. දැන් අපි දන්නවා ඉන්දියාවේ භාවනා කරන අය දහස් ගණන් ඉන්නවා. නමුත් කිසිවෙකුටත් ධර්මය මතු වුණේ නෑ. ලංකාවෙත් භාවනා කරන අය ඉන්නවා. නමුත් බොහෝ දෙනෙක් මිථ්‍යා දෘෂ්ටි තුළයි ඉන්නේ. අපට පැහැදිලිවම පේනවා බොහෝ දෙනෙක් සම්මා දිට්ඨියට ඇවිත් නෑ. නිවැරදි දහම් දැනුමකින් තොර, මිථ්‍යා දෘෂ්ටි තුළ ඉඳගෙන කරන භාවනාවෙන් ප්‍රතිඵලයක් ලබන්න බැහැ.

අහසේ පාවෙන රොඩු කෑලි...

බුදුරාජාණන් වහන්සේ ඔළුව නැති සමාජය හඳුන්වා දෙන්නේ හරියට අහසේ පාවෙන රොඩ්ඩක් වගේ කියලයි. එහෙනම් ඔළුව නැති සමාජය කියන්නේ රොඩු ගොඩක්. අහසේ පාවෙන රොඩු කෑල්ල නිතරම තියෙන්නේ සුළඟත් සමඟයි. සුළඟ හමන හමන පැත්තට ඒ රොඩු කෑල්ල පා වෙවී යනවා. බුදුරජාණන් වහන්සේ පෙන්වලා දෙනවා ඔළු නැති සමාජයත් හරියට ඒ වගේ එකක් කියලා. උන්වහන්සේ පෙන්වලා දෙනවා ධර්මය තුළ මනාකොට පිහිටි කෙනා, මනාකොට අවබෝධයෙන් තෙරුවන් සරණ

පිහිටි කෙනා පොළොවේ ගැඹුරට හාරලා හිටවපු විශාල ගල් කණුවක් වගේ කියලා. කොයි පැත්තට සුළං හැමුවත් එයාව සොලවන්න බැහැ.

ඔබ අහල තියෙන්නේ නිගණ්ඨ නාතපුත්ත අභිඤ්ඤාලාභියෙක් කියලා නේද? නැහැ. ඒක වැරදියි. ඔහු අභිඤ්ඤාලාභියෙක් නොවෙයි. නිගණ්ඨ නාතපුත්ත කියන්නේ දෙවෙනි ධ්‍යානයවත් පිළිගත්තේ නැති කෙනෙක්. නමුත් මේ සමාජය කියාගෙන යනවා නිගණ්ඨ නාතපුත්තගේ ධර්මයයි, බුදු දහමයි එකයි කියලා. බලන්න ඔළුව පාවිච්චි නොකරන පිරිසක් ඉන්න සමාජය තුළට මිථ්‍යා විශ්වාස රිංගා ගන්නා ආකාරය.

නිගණ්ඨ නාතපුත්තට 'උපාලි' කියලා දායකයෙක් හිටියා. නිගණ්ඨ නාතපුත්ත එයාව බුදුරජාණන් වහන්සේගේ ධර්මයට විරුද්ධව වාදයකට මෙහෙයෙව්වා. ඒ වෙලාවේ එතැන හිටියා 'දීඝතපස්සි' කියලා නිගණ්ඨ නාතපුත්තගේ ප්‍රධාන ගෝලයෙක්. දීඝතපස්සි කිව්වා "එපා... එපා... උපාලිව ඔය ශ්‍රමණ ගෞතමයන් ළඟට නම් යවන්න එපා. ඔය ශ්‍රමණ ගෞතමයන් මායා දාලා මෙයාව අල්ලා ගනියි..." කියලා. එතකොට නිගණ්ඨ නාතපුත්ත කියනවා "ඔයා ඉන්න කට වහගෙන. උපාලි භය නැතුව යන්න. වැඩිම වුණොත් ශ්‍රමණ ගෞතමයන් උපාලිගේ ගෝලයෙක් වෙයි. ඔච්චරයි..." කියලා.

ආර්ය ශ්‍රාවකයෙකුගේ තීරණ ගැනීමේ හැකියාව...

බුදුරජාණන් වහන්සේත් සමඟ උපාලි වාදයට පැටලෙන්න ආවා. උන්වහන්සේ උපාලිට ධර්මය දේශනා කළා. උපාලි පින්වන්තයෙක්. උපාලිට බුදුරජාණන්

වහන්සේ ධර්මය දේශනා කරගෙන යනකොට එයා සෝතාපන්න වුණා.

සෝතාපන්න වෙලා තෙරුවන් සරණ ගිය ශ්‍රාවකයෙක් වුණාට පස්සේ බුදුරජාණන් වහන්සේ වදාළා, " ඔබ කල්පනා කරලා තීරණයක ගන්න..." කියලා. "ස්වාමිනී, ඔබවහන්සේ විතරයි මම සරණ යන්නේ. වෙන කවුරුත් සරණ යන්නේ නැහැ..." කියලා තෙරුවන් සරණ ගියා. ඊට පස්සේ බුදුරජාණන් වහන්සේ උපාලිට වදාළා "පින්වත් උපාලි, ඔබගේ මාළිගාව පැන් පොකුණක් වගේ. නිගණ්ඨ ශ්‍රාවකයින්ට පරණ විදිහටම සළකන්න..." කියලා. උපාලි තමන්ගේ සේවකයන්ට කිව්වා "නිගණ්ඨයෝ ආවොත් දානය දෙන්න. මම තෙරුවන් සරණ ගියා කියලා කියන්න" කියලා.

ලාභ සත්කාර දරුණුයි...

ඊට පස්සේ දීඝතපස්සි කියන ගෝලයා "ඕකනේ මම කිව්වේ..." කියලා කෝලාහල කරන්න පටන් ගත්තා. 'මම ගිහිල්ලා බලන්නම්' කියලා නිගණ්ඨ නාතපුත්ත උපාලිව හමුවෙන්න උපාලිගේ මාළිගාවට ගියා. වෙනදාට නිගණ්ඨ නාතපුත්ත එනකොට උපාලි එයාගේ කරේ තියෙන පොඩි ලේන්සුව අතට අරගෙන දුවගෙන ගිහිල්ලා වාඩිවෙන්න කියලා, මාළිගාවේ තියෙන ලොකුම ආසනය පිළියෙල කරලා, අල්ලගෙන ගිහින් තෙල් කලයක් පාත් කරනවා වගේ හිටගෙන අල්ල අල්ල තමයි වාඩි කරවන්නේ. උපාලි දැන් සෝතාපන්න පුද්ගලයෙක්. ඉතින් නිගණ්ඨ නාතපුත්ත යනකොට වෙනදා නිගණ්ඨ නාතපුත්ත වාඩිවෙන පුටුවේ උපාලි වාඩිවුණා. වාඩිවෙලා "හා... හා... එන්න එන්න..." කියලා කියනවා. නිගණ්ඨ නාතපුත්තට දැන් අදහාගන්නත් අමාරුයි. එතකොට නිගණ්ඨ නාතපුත්ත සැර දැම්මා. "

අහුවුණා නේද?" "ඔව් ස්වාමීනි, මම අහුවුණා." "නැතිවුණා නේද?"

"ඔහොම ඉන්න ස්වාමීනි..." කියලා වේළුවනාරාමය පැත්තට වැඳගෙන බුදු ගුණ කියන්න පටන් ගත්තා. බුදු ගුණ කියාගෙන කියාගෙන යනකොට නිගණ්ඨ නාතපුත්තට ඉවසන්න බැහැ. ලේ වමනය ගියා. ලෙඩ වුණා. එක්කගෙන ගියා. එහෙමම මැරුණා.

කොඳු ඇට පෙළක්...

අද අපේ රටේ උගන්වනවා නිගණ්ඨ ධර්මයයි, බුදු දහමයි සමානයි කියලා. බලන්න මිථ්‍යා දෘෂ්ටියක හැටි. බුදුරජාණන් වහන්සේගේ ධර්මය ලැබුණට පස්සේ පළමුවෙන්ම ඍජු වුණේ උපාලිගේ කොන්ද. ඒ වගේ කෙළින් කොඳු අපට තියෙනවාද? නමෝ තස්ස භගවතෝ කියන පාඨය පවා අකුරු මාරු කරලා මන්තරයක් හැටියට පාවිච්චි කරනවා. බලන්න බුද්ධ ශාසනයට ගිය කල දසාව... උපාලිගේ කොන්ද කෙළින් වුණේ කොහොමද? ඒකට තමයි කියන්නේ තිසරණයේ පිහිටනවා කියලා. හරියට ධර්මය දන්නා අය වගේ කියන්නේ අධර්මය. අධර්මය නිසා විනාශය කරා යන මාවතට බෞද්ධයන් ඇවිල්ලා ඉවරයි. ඉතින් මේ යුගයේ හැටි අපි හරියට තේරුම් ගන්න ඕන. අපි දැනුවත් වෙලා හිටියේ නැත්නම් තමයි මේ ආකාරයේ විපතකට පත්වෙන්නේ. ඒ නිසා අපි බුද්ධ දේශනාවේ ඉතිහාසය දැනගෙන සිටීම වැදගත් වෙනවා.

අසමසම වූ දහමක්...

බුදුරජාණන් වහන්සේ පිරිනිවන් පාන අවස්ථාවේ

උන්වහන්සේ විසින් වදාළ දේශනා දහඅටදහසකට ආසන්න ප්‍රමාණයක් දනගෙන හිටපු කෙනෙක් හිටියා. කවුද ඒ? ආනන්ද ස්වාමීන් වහන්සේ. උන්වහන්සේ අවුරුදු විසිපහක් බුදුරජාණන් වහන්සේගේ හෙවනැල්ල වගේ ළඟ ඉඳගෙන බුදුරජාණන් වහන්සේට උපස්ථාන කළා. බුදුරජාණන් වහන්සේ විසින් පෘථිවි තලය මත මතක ශක්තිය වැඩිම කෙනා කියලා උන්වහන්සේට අග තනතුරක් දීලා තිබුණා. එහෙම නම් බුදුරජාණන් වහන්සේ ළඟට පෘථිවිය තුළ මතක ශක්තිය වැඩි කෙනා වුණේ ආනන්ද ස්වාමීන් වහන්සේයි.

බුදුරජාණන් වහන්සේ පිරිනිවන් පෑවට පස්සේ භික්ෂූන් වහන්සේලා චෛත්‍යය හදන්න කථා බස් කරන්න පටන් ගත්තද? ධාතු නිධන් කරන්න පටන් ගත්තද? පෙරහැරවල් තියන්න පටන් ගත්තද? ධාතු ප්‍රදර්ශන තියන්න පටන් ගත්තද? නැහැ. උන්වහන්සේලා බුදුරජාණන් වහන්සේ විසින් වදාළ ධර්මය විනාශ වෙන්න නොදී රැක ගැනීම පිණිස ධර්මය සංගායනා කරන්න රැ ස් වුණා. භික්ෂූන් වහන්සේලාව රැස් කළේ මහා කස්සප මහරහතන් වහන්සේයි.

"ප්‍රිය ආයුෂ්මතුන් වහන්ස, එන්න... අධර්මය බලවත් වෙන්න කලින්, ධර්මය යටපත් වෙන්න කලින්, අවිනය බලවත් වෙන්න කලින්, විනය යටපත් වෙන්න කලින්, අවිනයවාදීන් බලවත් වෙන්න කලින්, විනයවාදීන් දුර්වල වෙන්න කලින්, අපි ධර්මය සංගායනා කරමු..." කියලා උන්වහන්සේ භික්ෂු සංඝයා රැස් කළා. පන්සියයක් මහරහතන් වහන්සේලා මාස හතක් පුරාවට මේ ධර්ම සංගායනාව කළා.

බස නැසෙන හැටි...

බුදුරජාණන් වහන්සේ මේ ධර්මය දේශනා කළේ පාලි භාෂාවෙන්. අද මේ රටේ සමහර තැන්වල උගන්වනවා උන්වහන්සේ කතා කළේ පාලියෙන් නෙවෙයි කියලා. ඒක බුද්ධ දේශනා පාලි නෙවෙයි කියලා බැහැර කරන්න යොදාගන්න ලේසි ක්‍රමයක්.

බුදුරජාණන් වහන්සේ පාලි භාෂාව කතා කළ බව අපි තේරුම් ගන්නේ මෙහෙමයි. පළමු ධර්ම සංගායනාව පවත්වන කොට බුදුරජාණන් වහන්සේ පිරිනිවන් පාලා මාස තුනක් ගත වුණා විතරයි. ධර්ම දේශනාවල් කතා කළේ ආනන්ද මහරහතන් වහන්සේ. විනය දේශනා කතා කළේ උපාලි මහරහතන් වහන්සේ. ආනන්ද මහරහතන් වහන්සේ කියන්නේ බුදුරජාණන් වහන්සේගේ අදහස් හොඳට දන්න කෙනෙක්. මොකද උන්වහන්සේ අවුරුදු විසි පහක් බුදුරජාණන් වහන්සේ ළඟ හිටපු කෙනා. බුදුරජාණන් වහන්සේ පිරිනිවන් පාලා මාස තුනකින් ආනන්ද මහරහතන් වහන්සේ වෙන භාෂාවකින් ධර්මය සංගායනා කරයිද? අනෙක් කරුණ තමයි මේ සංගායනාවට සහභාගී වුණ සියලු දෙනා වහන්සේම රහතන් වහන්සේලා. රහතන් වහන්සේලා කවදාවත් බුදුරජාණන් වහන්සේ ධර්මය දේශනා කළ භාෂාවට පරිබාහිර වූ භාෂාවකින් ධර්මය සංගායනා කරයිද? මෙයින් අපට පේනවා පැහැදිලිවම බුදුරජාණන් වහන්සේ ධර්මය දේශනා කරලා තියෙන්නේ පාලි භාෂාවෙන්මයි.

කිසිම වෙනසක් නැහැ... ඒ විදිහමයි...

එම ධර්මය සංගායනාවේදී මෙයයි ධර්මය, මෙයයි විනය කියලා පැහැදිලිව, නිරවුල්ව සංග්‍රහ කළා. දීඝ

නිකාය, මජ්ඣිම නිකාය, සංයුත්ත නිකාය, අංගුත්තර නිකාය, ඛුද්දක නිකාය, ආදී වශයෙන් ආනන්ද ස්වාමීන් වහන්සේ විසින් දේශනා කළ ආකාරයටම සංග්‍රහ කළ ඒ ධර්මය කිසිඳු වෙනසක් නැතුව, ඒ ආකාරයෙන්ම අද අප ළඟ තියෙනවා. උපාලි මහරහතන් වහන්සේ විසින් දේශනා කළ විනය අද ද කිසිදු වෙනසක් නැතුව ඒ ආකාරයෙන්ම අප ළඟ තියෙනවා.

මේ විදිහට ධර්මය සංගායනා කරලා අවුරුදු සියයක් යනකොට ඔන්න ප්‍රශ්නයක් ඇති වුණා. මොකක්ද ප්‍රශ්නය? 'විනය නීති අමාරුයි. මේ සිල්පද ආරක්ෂා කරන්න අපට අමාරුයි. මේවා වෙනස් කරන්න ඕනෑ කියලා ප්‍රශ්නයක් ඇති වුණා. රා ටිකක් බිව්වහම මොකද? හොඳට මෝරලා නැති තෙලිජ්ජ ටිකක් බිව්වහම මොකද? සල්ලි පිළිගත්තට මොකද?' ඔය විදිහට විනය නීති ටික ටික ලිහිල් කරගත්තා. ඊට පස්සේ ආයෙමත් රහතන් වහන්සේලා හත්සිය නමක් එකතු වුණා. එකතු වෙලා 'මෙයයි ධර්මය.... මෙයයි විනය...' කියලා ප්‍රථම සංගායනාවේදී සංගායනා කරපු ආකාරයටම ආයෙත් ධර්මය විනය සංගායනා කළා.

පිරිහීම පටන් ගත් තැන...

දෙවෙනි ධර්ම සංගායනාවට මාස අටක් ගත වුණා. මේ ආකාරයට ධර්මය විනය නිරවුල් කරද්දී "අරක කළාහම මොකද? මේක කළාම මොකද?" කියන මතයේ හිටපු පිරිස කඩාගෙන වෙන් වෙලා ගියා. ඔන්න පිරිහීම පටන් ගත්තු තැන. රජවරුන්ගෙන් මේ උදවියට ලාභලෝභ ලැබුණා. ඊට පස්සේ අන්‍යාගමිකයෝ සිවුරු දාගෙන ආවා. මොකද මේ උදවිය පැහැදිළි මතයක නැහැනේ. අපි පැහැදිලි මතයක හිටියා නම් අන්‍යාගමිකයන්ට රිංගන්න බැහැ. නමුත් රහතන් වහන්සේලා පැහැදිලි මතයක හිටියා.

බුදුරජාණන් වහන්සේට හරියට හතුරුකම් කළේ බමුණෝ. නමුත් රහතන් වහන්සේලා පැහැදිලි මතයක හිටිය නිසා බමුණන්ට ශාසනය තුළට රිංගන්න බැරි වුණා.

දැන් පැහැදිලි මතයක් නැතුව මේගොල්ලෝ වෙන් වුණා. ඊට පස්සේ මිථ්‍යා දෘෂ්ටිකයෝ ශාසනය තුළට රිංගා ගත්තා. අන්‍යාගමිකයෝ කියන්නේ බුදු දහම නොවෙයි නේ. ඉතින් මේ උදවිය නිසා "මාර්ගඵල ලබන්න ඔහොම බැහැ... මාර්ගඵල ලබලා වැඩක් නැහැ..." කියලා මේ වගේ මිථ්‍යා මත පැතිරිලා ගියා. වාසනාවකට අශෝක අධිරාජ්‍යයා බෞද්ධයෙක් වුණා. අශෝක අධිරාජ්‍යයා බෞද්ධයෙක් නොවුණා නම්, අද මේ කිසිම දෙයක් අපට නැහැ. බලන්න ශාසනයේ දියුණුවට ගිහි පින්වතුන්ගේ දායකත්වය කොච්චර බලපානවාද කියලා. හැබැයි ඒ ගිහි කෙනා සම්මා දිට්ඨිය තුළ ඉන්න ඕන... නැත්නම් විනාශයි. පිරිහී ගිය ශාසනය නැවත නගා සිටුවන්නට අශෝක අධිරාජ්‍යයා මුල් වුණා.

ඒ වෙනකොට අවුරුදු හතකින් පිරිසිදු සංඝයා එකතු වෙලා විනය කර්මයක් කරලා තිබුණේ නැහැ. ඒ තරමට සංඝයා අවුල් වෙලා තිබුණේ. ඒ කාලයේ 'මොග්ගලීපුත්ත තිස්ස' මහරහතන් වහන්සේ වැඩසිටියා. ඒ වන විට උන්වහන්සේට වයස අවුරුදු එකසිය විස්සයි. වයස අවුරුදු එකසිය විස්සේදී උන්වහන්සේගේ මූලිකත්වයෙන් රහතන් වහන්සේලා එකතු වෙලා ආයෙමත් ධර්ම සංගායනාවක් කළා. 'මෙයයි ධර්මය... මෙයයි විනය...' කියලා නැවතත් ධර්මය නිරවුල් කොට තැබුවා.

නිවැරදි උපදේශයක්...

අශෝක අධිරාජ්‍යයාගේ පුත් මිහිඳු කුමාරයා මොග්ගලීපුත්තතිස්ස මහරහතන් වහන්සේ ළඟ මහණ

වුණා. මහණ වෙලා අවුරුදු තුනකින් අරහත්වයට පත් වුණා. බලන්න එතකොට මිහිඳු හාමුදුරුවන්ට මොනතරම් නිවැරදි උපදේශයක්ද ලැබිලා තියෙන්නේ කියලා. උන්වහන්සේ අවුරුදු තුනක් තුළ මේ ධර්මය සම්පූර්ණයෙන්ම කටපාඩම් කළා. ඒ කාලයේ අධ්‍යාපනය කොතරම් ප්‍රබලද? දැන් අපට ධම්මපදයේ එක ගාථාවක් මතක තියාගන්න කොතරම් අමාරුද? අවුරුදු තුනක් තුළ මුළු ධර්මවිනයම සම්පූර්ණයෙන් මතක තියාගන්නවා කියන්නේ මොනතරම් ආශ්චර්යවත් දෙයක්ද! බලන්න ඒ රහතන් වහන්සේලාගේ ඉගැන්වීම් ක්‍රමයත්, වර්තමාන බටහිර අධ්‍යාපන ක්‍රමයත් අතර මොනතරම් වෙනසක් තියෙනවාද!

ධර්ම ප්‍රචාර කටයුතු සඳහා මිහිඳු මහරහතන් වහන්සේ ලංකාවට වැඩම කළේ හිස් අතින් නොවෙයි. සියලුම බුද්ධ වචනය දරාගෙන වැඩියේ. වැඩම කරලා ලංකාවේ ජනතාවට ධර්මය දේශනා කළා. බුදුරජාණන් වහන්සේ අවසර දීලා තියෙනවා 'තමන් යම්කිසි පළාතට ගිය විට ඒ පළාතේ භාෂාවෙන් ධර්මය කථා කරන්න...' කියලා. ඒකට කියනවා ස්වකීය නිරුක්තිය (සකායනිරුත්තියා) කියලා. මිහිඳු මහරහතන් වහන්සේ ලංකාවට වැඩම කරලා පාලි භාෂාවෙන් ධර්මය දේශනා කළා. ඒ දේශනා කළ ධර්මය ලංකාවේ කතා කළ භාෂාවෙන් තෝරලා දුන්නා. ඒ කාලයේ ලංකාවේ භාවිතා වුණේ දීප භාෂාව. පාලි කොටස වෙනම ඉගෙන ගෙන, දීප භාෂාවෙන් අර්ථ තෝරලා දුන්නා. ඒවට කියනවා 'හෙළ අටුවා' කියලා. අට්ඨ කථා කියලත් කියනවා.

ධර්මය ග්‍රන්ථාරූඪ වීම...

ඉතින් ඔය විදිහට මිහිඳු මහරහතන් වහන්සේ විසින්

ලංකාවේ බුද්ධ ශාසනය ස්ථාපිත කරලා, ලංකාවේ ස්වාමීන් වහන්සේලාට ධර්ම විනය සම්පූර්ණයෙන්ම ඉගැන්වූවා. ලංකාවේ ස්වාමීන් වහන්සේලාත් එම ධර්ම විනය පාලි භාෂාවෙන්ම කටපාඩමින් දරාගෙන ආවා. ඔහොම කාලයක් යනකොට දුර්භික්ෂයක් ඇවිදින් රහතන් වහන්සේලා දිගින් දිගටම පිරිනිවන් පාන්න පටන් ගත්තා. උන්වහන්සේලා අභාවයට යන්න මත්තෙන් ධර්ම විනය රැකගැනීම සඳහා මේ ධර්මය පොත්වල ලියා තැබුවා. එතකොට පාලි අකුරු දන්නේ නෑ. සිංහල අකුරින් පාලි ලිව්වා. එහෙමයි අපට පාලි ආවේ. ඒක මේ වගේ දෙයක්. අපි හිතමු... අපි ඉංග්‍රීසි කථා කරන්න දන්නවා. නමුත් ඉංග්‍රීසි අකුරු දන්නේ නෑ. එතකොට ඉංග්‍රීසි අකුරු ලියන්න වෙන්නේ සිංහලෙන්. මෙතැනත් සිද්ධ වුණේ ඒ වගේ දෙයක්.

අවුරුදු පන්සියයක් ගියාට පස්සේ... ඒ කියන්නේ බුදුරජාණන් වහන්සේ පිරිනිවන්පාලා අවුරුදු දාහක් ගියාට පස්සෙ ඉන්දියාවේ 'මහායාන' කියලා එකක් හදාගෙන බුද්ධ ශාසනය අතුරුදහන් කරන මට්ටමට එනකොට, ථේරවාදී භික්ෂූන් වහන්සේලාට ඕන වුණා ථේරවාදය බලවත් කරන්න. මිහිඳු මහරහතන් වහන්සේ උගන්වපු ධර්මය; ඒ කියන්නේ හෙළ අටුවාව තිබුණේ සිංහලෙන්. නමුත් ඉන්දියාවේ හාමුදුරුවරු සිංහල දන්නේ නැහැ. ඒ ගොල්ලෝ කිව්වා හෙළ අටුවා පාලියට හරවා ගත්තා නම් අපටත් කියවන්න පුළුවන් කියලා.

අටුවා පාළියට පරිවර්ථනය වුණා...

ඊට පස්සේ 'බුද්ධඝෝෂ' කියන හාමුදුරුවන්ව අර සිංහල අටුවා පාලියට හරවන්න කියලා ලංකාවට එව්වා. ලංකාවේ ස්වාමීන් වහන්සේලා උන්වහන්සේගේ සුදුසුකම්

බලන්න සිංහලයට පරිවර්තනය කරන්න කියලා ගාථාවක් දුන්නා. ඒ ගාථාව තමයි "අන්තෝ ජටා බහි ජටා" කියන ගාථාව. ගාථාව පරිවර්තනය කළාට පස්සේ තමයි අවසර දෙන්නේ කියලා, විභාගයට තමයි ඒ ගාථාව දුන්නේ. උන්වහන්සේ ඒ විභාගය සමත් වෙන්න ලොකු පොතක් ලිව්වා. ඒ පොත තමයි විසුද්ධි මාර්ගය. එතකොට විසුද්ධි මාර්ගය කියන්නේ විභාගයක් පාස් වෙන්න ලියපු පොතක්. නමුත් බුදුරජාණන් වහන්සේගේ ධර්මය කියන්නේ රහතන් වහන්සේලා විසින් වරින්වර සංගායනා කරමින් පිරිසිදුව පවත්වාගෙන ආපු කොටසයි. බුද්ධඝෝෂ හාමුදුරුවන්ගේ පාලි භාෂා දැනුම ගැන සෑහීමකට පත්වුණ ලංකාවාසී ස්වාමීන් වහන්සේ හෙළ අටුවාව පාලියට හරවන්න අවසර දුන්නා. බුද්ධඝෝෂ හාමුදුරුවෝ හෙළ අටුවාව පාළියට හැරෙව්වා.

ඊට පස්සේ ලංකාවෙත් පාලි ජනප්‍රිය වෙලා සිංහල ලිවීම අත්හැරලා, සිංහලට තිබුණු බොහෝ පොත්පත් පාලියට හැරෙව්වා. මහාවංශය ඒ වෙනතුරුම සිංහලෙන් තිබුණේ. මහාවංශය පාලියට හැරෙව්වා. සිංහල පොත් අභාවයට ගියා මිසක් බුද්ධ වචනයේ ඇලපිල්ලක් පාපිල්ලක්වත් වෙනස් කරලා නැහැ. ඔන්න ඉතිහාසය. මේ ඉතිහාසය සාමාන්‍ය ජනතාව බොහෝ දෙනෙක් දන්නේ නැහැ. නොදන්නාතාක් තමයි විවිධ මිථ්‍යා මතවලට රැවටෙන්නේ.

කැලේ ගියත් හිස් කතාවමයි...

අද අපි ඉගෙන ගන්න සකුළුදායී සූත්‍රය දේශනා කරන කාලයේ භාග්‍යවතුන් වහන්සේ වැඩසිටියේ වේළුවනාරාමයේ. ඒක තියෙන්නේ රජගහ නුවර. රජගහ නුවර කියන්නේ මගධ රාජ්‍යයෙහි අගනුවර. ඒ කාලයේ ඒ

කිට්ටුවම වනාන්තරයක තාපසයෙක් පදිංචි වෙලා හිටියා. ඒ වනාන්තරයට කියන්නේ 'මෝර නිවාප' කියලා. මෝර කියන්නේ මොණරාට කියන පාලි නම. මෝර නිවාප කියන්නේ 'මොණරුන්ට අභය දානය දුන් වනාන්තරය' කියන අර්ථයයි. ඒ වනාන්තරයේ ආශ්‍රමයක් තිබුණා. ඒ ආශ්‍රමයේ තමයි මේ තාපසයා හිටියේ. මෙයාගේ නම සකුළුදායි.

බුදුරජාණන් වහන්සේ උදේ පාන්දරින්ම රජගහ නුවරට පිණ්ඩපාතේ වඩින්න පිටත් වුණා. පිටත් වෙලා කල්පනා කළා "පිණ්ඩපාතේ වඩින්න පාන්දර වැඩියි. මම යන්න ඕන මෝර නිවාපයේ සකුළුදායි හමුවෙන්න..." කියලා. බුදුරජාණන් වහන්සේ පිටත් වෙන කොට සකුළුදායි තාපසයාගේ පිරිස පාන්දර ජාමයේ නැගිටලා බරටම කතාව. මොනවාද මේ අය කතා කර කර හිටියේ?

රජවරුන් ගැන කථා, සොරුන් ගැන කථා, මහ ඇමැතිවරුන් ගැන කථා, හමුදාවන් ගැන කථා, භය ඇතිවෙන දේවල් ගැන කථා, ආහාර වර්ග ගැන කථා, බොන දේවල් ගැන කථා, ඇඳුම් පැළඳුම් ගැන කථා, ඇඳ පුටු ගැන කථා, මල් වර්ග ගැන කථා, සුවඳ වර්ග ගැන කථා, නෑදෑයන් ගැන කථා, යාන වාහන ගැන කථා, ගම්මාන ගැන කථා, නියම් ගම්මාන ගැන කථා, නගර ගැන කථා, රටවල් ගැන කථා, ස්ත්‍රීන් ගැන කථා, පුරුෂයින් ගැන කථා, කුමාරයින් ගැන කථා, කුමාරියන් ගැන කථා ශූරයින් ගැන කථා, මංමාවත් ගැන කථා, වලං පොලේ දේවල් ගැන කථා, මියගිය උදවිය ගැන කථා, තව තව දේවල් ගැන කථා, ලෝකය ගැන කථා, සාගරය ගැන කථා, මෙහෙමයි වුණේ මෙහෙමයි නොවුණේ කියන දේ ගැන කතා කරකර ඉන්නවා.

හා... හා... නිශ්ශබ්ද වෙන්න...

සකුළුදායි දැක්කා බුදුරජාණන් වහන්සේ ඈතින් වඩිනවා. දැකලා එක පාරටම නැගිට්ටා. අත් දෙකෙන් "හා... හා... නිශ්ශබ්ද වෙලා ඉන්න. අන්න ශ්‍රමණ භවත් ගෞතමයන් වහන්සේ එනවා. නිශ්ශබ්ද වෙලා ඉන්න අයට උන්වහන්සේ බොහෝම කැමතියි. කෑගහන්නේ නැතිව ඉන්න..." කියලා පිරිස නිශ්ශබ්ද කළා. ඊට පස්සේ සකුළුදායි බුදුරජාණන් වහන්සේව පිළිගන්න ඉස්සරහට ගියා. හැබැයි මෙයා බුදුරජාණන් වහන්සේ කෙරෙහි පැහැදීමක් තිබුණ කෙනෙක්.

සකුළුදායි "ස්වාමීනි, භාග්‍යවතුන් වහන්ස, ඔබ වහන්සේගේ පැමිණීම කොතරම් හොඳද... **(ස්වාගතං භන්තේ භගවතා)**, භාග්‍යවතුන් වහන්ස, බොහෝ කාලයකට පස්සේ නෙව වැඩම කළේ **(චිරස්සන්තේ භන්තේ භගවතෝ)**, භාග්‍යවතුන් වහන්ස, මේ ආසනයේ වැඩසිටින සේක්වා **(නිසීදතු භන්තේ භගවතෝ)**" කියලා ඉක්මනට ආසනයක් පිළියෙල කළා. මේ පිළියෙල කළ ආසනයේ වැඩසිටින සේක්වා කියලා බුදුරජාණන් වහන්සේ වාඩිවුණාට පස්සේ එයත් පුංචි බංකුවක් අරගෙන වාඩිවුණා.

නිසරු දෙය නිසරුමයි...

බුදුරජාණන් වහන්සේ අහනවා "මම එන්නට මත්තෙන් මේ පින්වතුන් මොනවද කතා කර කර හිටියේ...? මේ පින්වතුන්ගේ කතාවට මාගේ පැමිණීම බාධාවක් වුණාද?" කියලා. සකුළුදායි කිව්වා "ස්වාමීනි, අපි කථා කර කර හිටපු දේවල් හැමතැනම තියෙන දේවල්. ඒවායේ අමුතු දෙයක් නෑ. භාග්‍යවතුන් වහන්ස, මා නැති

වෙලාවට අපේ ගෝල පිරිස තිරිසන් කතාවෙන් තමයි කාලය ගෙවන්නේ. මම ආවහම විතරයි මම මොනවා හරි කියයි කියලා මේගොල්ලෝ මගේ මුහුණ දිහා බලාගෙන ඉන්නේ. ඉතින් ඒ වගේ අද මමයි, මගේ ගෝල පිරිසයි, අපි දෙගොල්ලෝම ඔබවහන්සේ දිහා බලාගෙන ඉන්නවා. භාග්‍යවතුන් වහන්සේ, යම් ධර්මයක් දේශනා කරනවා නම් අපි ඒක අහගෙන ඉන්නවා..." කියලා.

බුදුරජාණන් වහන්සේ වදාළා "හොඳයි. එහෙනම් ඔයාම කියන්න අපට ධර්ම කථාවක් පටන් ගන්න හොඳ අදහසක්..." කියලා. "ස්වාමීනි, මට හරි වැඩක් වුණා." කියලා සකුළුදායි කිව්වා. "එක්කෙනෙක් ඉන්නවා. එයා ඇවිදින කොටත්, හිටගෙන ඉන්න කොටත්, ඉඳගෙන ඉන්න කොටත්, ඇහැරලා ඉන්න කොටත් එයාගේ නුවණේ පිහිටලා ඉන්නේ. එයා සර්වඥයි. එයා සියලු දේ දන්නවා. එයාගේ අවබෝධය කිසි දෙයකින් වැහිලා නෑ කියලා කියාගෙන යනවා. ඉතින් ස්වාමීනි, මම උන්නැහේ හමුවෙන්න ගියා. ගිහිල්ලා අතීත ජීවිතය ගැන ප්‍රශ්න ඇහුවාම, මගෙන් පෙරලා ප්‍රශ්න අහලා ඒ ප්‍රශ්නය මඟ හැරියා. ඉතින් මම ආයෙමත් ඇහුවා. එතකොට එයාට කේන්ති ගිහිල්ලා, හරි ජරමරයක් වුණා. අනේ ස්වාමීනි, මට ඒ වෙලාවේ ඔබවහන්සේ මතක් වුණා. 'අනේ භාග්‍යවතුන් වහන්සේ සිටියා නම්! **(අහෝ නූන භගවා)**, අනේ සුගතයන් වහන්සේ සිටියා නම්! **(අහෝ නූන සුගතෝ)**, උන්වහන්සේ මේවා ගැන කොතරම් දක්ෂ ද! **(යෝ ඉමේසං ධම්මානං කුසලෝ)**' මේවා ගැන කියලා දෙන ඔබවහන්සේ ගැන හිතල මට ප්‍රීතියක්මයි ඇති වුණේ."

බුදුරජාණන් වහන්සේ "ඔහොම කියන ඔය පුද්ගලයා කවුද?" කියලා ඇහුවා. "ස්වාමීනි, කවුරුත්

නොවෙයි. උන්නැහේ තමයි නිගණ්ඨ නාතපුත්ත." ඊට පස්සේ බුදුරජාණන් වහන්සේ සකුළුදායිට මෙහෙම කියනවා.

ඇත්ත කළඳක් ඇති බොරු කන්දට වඩා...

"සකුළුදායි, අපි ගමු පූර්වාන්තය (අතීත ජීවිතය) ගැන. යමෙක් ඉන්නවා පුබ්බේනිවාසානුස්සති ඤාණය තියෙන. ඒ කියන්නේ පෙර විසූ කඳ පිළිවෙල දකින්නා වූ නුවණ තියෙන කෙනෙක් ඉන්නවා. අන්න එහෙම කෙනෙක් මට මුණ ගැහුණොත්, මම එයත් එක්ක මේ ගැන කතා කරනවා. මම එයාගෙන් ප්‍රශ්න අහනවා. එයත් මගෙන් ප්‍රශ්න අහයි. මම එයාට උත්තර දෙනවා. එයත් සතුටින් තමයි කතා කරන්නේ. ඒ වගේම අනාගත ජීවිත ගැනත් ඒ ආකාරයට මයි. මම කැමතියි චුතූපපාත ඤාණය තියෙන අය එක්ක... ඒ කියන්නේ කර්මානුරූපව සත්වයන් උපදින ආකාරයත්, කර්මානුරූපව සත්වයන් චුතවෙන ආකාරයත් අවබෝධයෙන් දැකීමේ ඤාණය තියෙන අය එක්ක කතා කරන්න.

බලන්න බුදුරජාණන් වහන්සේගේ අවබෝධය. සමහරු එහෙම ඤාණයක් නැතිව කතා කරන්න ගිහින් නේද ශ්‍රද්ධාව නැති කරගන්නේ. ඔන්න එක හාමුදුරුනමක් අන්තරාභවය ගැන කතා කරන්න පටන් ගත්තා. අන්තරාභවය දැකලද? චුතූපපාත ඤාණය ලබාගෙනද? නෑ. ඒවා ගැන කිසිදු ඤාණයක් නැහැ. පොත ලියන අයවත්, කියවන අයවත් ඒ මාතෘකාව පිළිබඳව දන්නේ නැහැ. ඊට පස්සේ මොකද වුණේ? සම්පූර්ණයෙන්ම වාදයක් විතරයි. අවබෝධයක් නැති මාතෘකා කතා කරන්න ගිහින් පැටලිලා පැටලිලා ගියා.

කරුණාබර දෙනෙත් යුග...

බුදුරජාණන් වහන්සේ දේශනා කරනවා සුදුසුකම් තියෙන අයත් එක්ක ඒ මාතෘකාව ගැන කතා කරන්න උන්වහන්සේ කැමැතියි කියලා. උන්වහන්සේ දේශනා කරනවා ඔය අතීතය ගැන හොයන එක අත්හැරල දාන්න. **(තිට්ඨතු පුබ්බන්තෝ)**, අනාගතය ගැන හොයන එකත් අත්හැරලා දාන්න. **(තිට්ඨතු අපරන්තෝ)**, මම ධර්මය කියා දෙන්නම් කියලා. මෙය ඇති කල්හි මෙය වෙයි **(ඉමස්මිං සති ඉදං හෝති)**, මෙය උපදින විට මෙය උපදියි **(ඉමස්සුප්පාදා ඉදං උප්පජ්ජති)**. මෙය නැති කල්හි මෙය නැත **(ඉමස්මිං අසති ඉදං න හෝති)**, මෙය නැති වීමෙන් මෙය නැතිවෙයි **(ඉමස්ස නිරෝධා ඉදං නිරුජ්ඣති)**. මෙයට කියන්නේ 'ආර්ය න්‍යාය' කියලා.

මෙය ඇති කල්හි මෙය වෙයි...

මෙම ආර්ය න්‍යාය සූත්‍ර කිහිපයක වරින් වර පැහැදිලි විස්තර කරපු තැන් තියෙනවා. පංච භයවේර සූත්‍රයේ පටිච්ච සමුප්පාදය නුවණින් අවබෝධ කරගන්න ක්‍රමය පැහැදිලිවම විස්තර කරනවා. මෙය ඇති කල්හි මෙය වෙයි **(ඉමස්මිං සති ඉදං හෝති)**. අවිද්‍යාව ඇති කල්හි සංස්කාර වෙයි. සංස්කාර ඇති කල්හි විඤ්ඤාණය වෙයි. විඤ්ඤාණය ඇති කල්හි නාමරූප වෙයි. නාමරූප ඇති කල්හි සළායතන වෙයි. සළායතන ඇති කල්හි ස්පර්ශය වෙයි. ස්පර්ශය ඇති කල්හි විඳීම වෙයි. විඳීම ඇති කල්හි ඇලීම වෙයි. ඇලීම ඇති කල්හි ග්‍රහණය වීම වෙයි. ග්‍රහණය වීම ඇති කල්හි විපාක පිණිස කර්ම සකස් වෙයි. විපාක පිණිස කර්ම සකස් වීම ඇති කල්හි ඉපදීම වෙයි. ඉපදීම ඇති කල්හි ජරා, මරණ, සෝක, පරිදේව, දුක්, දොම්නස් වෙයි.

මෙය උපදින විට මෙය උපදියි...

ඊළඟ එක තමයි මෙය උපදින විට මෙය උපදියි **(ඉමස්සුප්පාදා ඉදං උප්පජ්ජති)**. එහෙම නම් අවිද්‍යාව උපදින විට සංස්කාර උපදියි. සංස්කාර උපදින විට විඤ්ඤාණය උපදියි. විඤ්ඤාණය උපදින විට නාමරූප උපදියි. නාමරූප උපදින විට සළායතන උපදියි. සළායතන උපදින විට ස්පර්ශය උපදියි. ස්පර්ශය උපදින විට විඳීම උපදියි. විඳීම උපදින විට ඇලීම උපදියි. ඇලීම උපදින විට ග්‍රහණය වීම උපදියි. ග්‍රහණය වීම උපදින විට විපාක පිණිස කර්ම සකස් වීම උපදියි. විපාක පිණිස කර්ම සකස් වීම උපදින විට ඉපදීම උපදියි. ඉපදීම උපදින විට ජරා, මරණ, ශෝක, පරිදේව, දුක්, දොම්නස්, උපායාස උපදියි.

ඊළඟ එක මෙය නැති කල්හි මෙය නොවෙයි **(ඉමස්මිං අසති ඉදං න හෝති)**. අවිද්‍යාව නැති කල්හි සංස්කාර නැත. සංස්කාර නැති කල්හි විඤ්ඤාණය නැත. විඤ්ඤාණය නැති කල්හි නාමරූප නැත. නාමරූප නැති කල්හි සළායතන නැත. සළායතන නැති කල්හි ස්පර්ශය නැත. ස්පර්ශය නැති කල්හි විඳීම නැත. විඳීම නැති කල්හි ඇලීම නැත. ඇලීම නැති කල්හි ග්‍රහණය වීම නැත. ග්‍රහණය වීම නැති කල්හි විපාක පිණිස කර්ම සකස් වීම නැත. විපාක පිණිස කර්ම සකස් වීම නැති කල්හි ඉපදීම නැත. ඉපදීම නැති කල්හි ජරා, මරණ, සෝක, පරිදේව, දුක්, දොම්නස්, උපායාස නැත.

මෙය නැති වීමෙන් මෙය නැති වෙයි...

ඊළඟට බුදුරජාණන් වහන්සේ තව එකක් විස්තර කරනවා. මෙය නැතිවීමෙන් මෙය නැතිවෙයි **(ඉමස්ස නිරෝධා ඉදං නිරුජ්ඣති)**. ආර්ය න්‍යාය තුළ මේක

තමයි සිද්ධ වෙන්නේ. අවිද්‍යාව නැතිවීමෙන් සංස්කාර නැතිවී යයි. සංස්කාර නැතිවීමෙන් විඤ්ඤාණය නැතිවී යයි. විඤ්ඤාණය නැතිවීමෙන් නාමරූප නැතිවී යයි. නාමරූප නැතිවීමෙන් සළායතන නැතිවී යයි. සළායතන නැතිවීමෙන් ස්පර්ශය නැතිවී යයි. ස්පර්ශය නැතිවීමෙන් විඳීම නැතිවී යයි. විඳීම නැතිවීමෙන් ඇලීම නැතිවී යයි. ඇලීම නැතිවීමෙන් ග්‍රහණය වීම නැතිවී යයි. ග්‍රහණය වීම නැතිවීමෙන් විපාක පිණිස කර්ම සකස් වීම නැතිවී යයි. විපාක පිණිස කර්ම සකස් වීම නැතිවීමෙන් ඉපදීම නැතිවී යයි. ඉපදීම නැතිවීමෙන් ජරා, මරණ, සෝක, පරිදේව, දුක්, දොම්නස්, උපායාස නැතිවී යයි.

අවාසනාවන්ත අනවබෝධය

මෙහෙම කිව්වට සකුළුදායිට තේරුණේ නැහැ. හිතමු අපි බුදුරජාණන් වහන්සේ ළඟට ගියා. බුදුරජාණන් වහන්සේ අපට කියනවා 'ළමයෝ අතීතය අත්හරින්න...' කියලා. නමුත් අපට තේරෙන්නේ නෑ. 'අනාගතය අත්හරින්න...' ඒත් තේරෙන්නේ නැහැ. ධර්මය දේශනා කරනවා. ඒත් තේරෙන්නේ නැහැ. මොකද කරන්නේ? මට එහෙම කිව්වා නම් මම කියනවා "අනේ ස්වාමීනි, භාග්‍යවතුන් වහන්ස, මට තේරෙන්නේ නැහැ. අවබෝධ වන ආකාරයට කියාදෙන සේක්වා..." කියලා.

නමුත් මෙයා එහෙම කිව්වේ නැහැ "ස්වාමීනි, ඇත්ත තමයි කථාව. අනේ මම නම් පෙර ජීවිත ගැන දන්නේ නැහැ. මේ ජීවිතේ අතීතයත් මතක නැති එකේ මම කොහොමද අතීත ජීවිත සිහි කරන්නේ...? අනේ ස්වාමීනී, මට චුතූපපාත ඤාණය තියා, මම එක ප්‍රේත දණ්ඩෙක්වත් දැකලා නැහැ. මට චුතූපපාත ඤාණය නැහැ. ස්වාමීනි, ඔබවහන්සේ 'අතීතය අත්හරින්න... අනාගතයත්

අත්හරින්න...' කියලා මට දැන් කිව්වා. ඒ කියන්නේ අතීතය ගැන ප්‍රශ්න කර කර ඉන්න එක අත්හරින්න... අනාගත ජීවිත ගැන ප්‍රශ්න කර කර ඉන්න එක අත්හරින්න... මම ඔබට ධර්ම දේශනා කරනවා. දැන් ස්වාමීනි, ඔබවහන්සේ මට මෙහෙම දේශනා කළා. මෙය ඇති කල්හි මෙය වෙයි. මෙය උපදින කල්හි මෙය උපදියි. මෙය නැති කල්හි මෙය නැත. මෙය නිරුද්ධ වන විට මෙය නිරුද්ධ වෙයි. අනේ ස්වාමීනී, මට මේක තේරෙන්නේ නැහැ."

රූප රැජිණ...

"ඒ කොහොම වුණත් කමක් නැහැ ස්වාමීනි, මම අපේ ආගමේ ප්‍රශ්නයක් අහන්නද...?" කියලා ඇහුවා. (බලන්න කොයිතරම් අවාසනාවන්ත විදිහට මේ අවස්ථාව ගිලිහිලා යනවාද?) "එහෙනම් කියන්න..." කියලා භාග්‍යවතුන් වහන්සේ වදාළා "ස්වාමීනි, අපේ ආගමේ උගන්වනවා මේක තමයි උතුම්ම පාට (**අයං පරමෝ වණ්ණෝ**). බුදුරජාණන් වහන්සේ අහනවා "සකුළුදායි, මොකක්ද ඒකේ තේරුම...?" "ස්වාමීනි, මෙයට වඩා උත්තරීතර වූ, ප්‍රණීතතර වූ වෙනත් පාටක් නැහැ..." බුදුරජාණන් වහන්සේ නැවතත් අහනවා 'මොකක්ද ඒ පාට...?' කියලා. ආයෙමත් අර උත්තරයමයි දෙන්නේ. අහන අහන වේලාවට එයාට කියන්න තියෙන්නේ එච්චරයි.

බුදුරජාණන් වහන්සේ කියනවා මේක දිග්ගැස්සෙන කතාවක්. ඒක හරියට මෙන්න මේ වගේ දෙයක්. තරුණයෙක් හිටියා. එයා කියාගෙන ගියා 'එයා රූප රැජිණියක්ව කසාද බඳිනවා...' කියලා. එතකොට යාළුවෝ ටික ඇහුවාම, 'ඔයා විවාහ වෙන රූප රැජිණ ඉන්නේ

කොහේද...?' කියලා, 'මෙයා කියනවා 'දන්නේ නෑ...' රූප රැජිණියගේ නම මොකක්ද? 'දන්නේ නෑ...' රූප රැජිණිය සුදුද? කළුද? 'දන්නේ නෑ. රූප රාජිණිය උසද? 'දන්නේ නෑ...' රූප රාජිණිය මිටිද? 'දන්නේ නෑ...' අන්න ඒ වගේ ජාතියේ කතාවක් තමයි ඔයාගේ ඔය කතාව..." කියලා බුදුරජාණන් වහන්සේ කිව්වා. සකුළුදායිට රිදුණේ නෑ. එයා කියනවා "එහෙම නොවෙයි. රතු පලසක් මැද යම්කිසි මැණිකක් තියෙනවා. ඒ බබලන එළියේ යම්කිසි පාටක් තියෙනවා නෙව. අන්න ඒ ජාතියේ පාටක් තමයි මේ පාට..." කියලා.

වඩා බබලන්නේ කුමක්ද...?

බුදුරජාණන් වහන්සේ වදාළා "එහෙනම් කියන්න... හඳ නැති රාත්‍රියක අන්ධකාරයේ බබලන කණාමැදිරි එළියද බබලන්නේ? නැත්නම් ඔය කියන එළියද?" කියලා. සකුළුදායි කියනවා..., කණාමැදිරි එළිය කියලා. "අන්ධකාරයේ දිලෙන කණාමැදිරි එළියද බබලන්නේ? අන්ධකාරයේ දිලෙන පහන් එළියද?" ස්වාමීනි, පහන් එළියයි. "එහෙනම් අන්ධකාරයේ දිලෙන පහන් එළියද බබලන්නේ, අන්ධකාරයේ දිලෙන ගිනි කඳක එළියද?" ස්වාමීනි, ගිනි කඳේ එළියයි. "අන්ධකාරයේ දිලෙන ගිනි කඳේ එළියද බබලන්නේ, අන්ධකාරයේ පාන්දර දිලෙන සිකුරු තරුවද?" ස්වාමීනි, සිකුරු තරුවයි. "සිකුරු තරුවද බබලන්නේ? පෝය දාට පැයූ පුන් සඳද?" ස්වාමීනි, සිකුරු තරුවට වඩා පුන් සඳ බබලනවා. පෝය දාට පැයූ පුන් සඳද බබලන්නේ? දවල් කාලයේ වළාකුළු නැතිව අහසේ දිලෙන සූර්යයාද?" ස්වාමීනි, සූර්ය එළිය තමයි වඩා බබලන්නේ.

ඊට පස්සේ බුදුරජාණන් වහන්සේ කියනවා "සකුළුදායි, මේ අහන්න... ඔය සූර්යයාලෝකයටත් වඩා චන්ද්‍රයාලෝකයටත් වඩා එළිය තියෙන දෙවිවරු ඉන්නවා. මම ඒ අයව දන්නවා. දකිනවා. ඒ නිසා උදායි, දැන් ඔයා ඔය ශ්‍රේෂ්ඨයි කියාපු පාටේ තරම දැන් පේනවා නේද? අන්ධකාරයේ කණාමැදිරි එළියක් තරම්වත් වැදගත්කමකට නැති එකක් නේද...?" කියලා ඇහුවා. එහෙම අහපු ගමන් "භාග්‍යවතුන් වහන්සේ අපේ කතාව කඩල දැම්මා (**අච්ඡිදං භගවා කථං**). සුගතයන් වහන්සේ අපේ කතාව කඩල දැම්මා (**අච්ඡිදං සුගතෝ කථං**) කියලා කෑ ගහන්න පටන් ගත්තා.

පරම්පරාවෙන් ආපු පුස්ස...

බුදුරජාණන් වහන්සේ ඇසුවා "ඇයි උදායි, එහෙම කිව්වේ...?" කියලා. "ස්වාමීනි, අපේ පරම්පරාවෙන් ආව ආගමෙන් ඉගැන්වූයේ ඕකයි. ඔබවහන්සේට පුළුවන් වුණා කරුණු ඉදිරිපත් කරලා ඒක නිකම්ම නිකං පුස්සක් බවට පත් කරන්න. ඊට පස්සේ බුදුරජාණන් වහන්සේ සකුළුදායිගෙන් ඇහුවා "සකුළුදායි, එහෙනම් කියන්න ඒකාන්ත සැපයක් කරා යන වැඩපිළිවෙලක් ඔයගොල්ලන්ගේ ආගමේ උගන්වනවාද...?" "ඔව්... අපේ ආගමේ උගන්වනවා." "එහෙනම් කියන්න..." "ප්‍රාණඝාතය කරන්න එපා. සොරකම් කරන්න එපා. කාමය වරදවා හැසිරෙන්න එපා. බොරු කියන්න එපා. මත්පැන් මත්ද්‍රව්‍ය පානය කරන්න එපා. තපස් කරන්න කියන මේ කරුණු උගන්වනවා."

"එහෙනම් කියන්න ප්‍රාණඝාතයෙන් වැළකිලා ඉන්න කෙනා ඒකාන්ත සැපයක් විඳිනවාද? සැප දුක් දෙකම විඳිනවාද?" එතකොට සකුළුදායි කියනවා "සැප දුක් දෙකම මිශ්‍රව විඳිනවා..." කියලා.

"සොරකමින් වැළකිළා ඉන්න කෙනා ඒකාන්ත සැපයක් විඳිනවාද? සැප දුක් දෙකම විඳිනවාද?"

"සැප දුක් දෙකම මිශ්‍රව විඳිනවා..."

"කාමය වරදවා හැසිරීමෙන් වැළකිළා ඉන්න කෙනා ඒකාන්ත සැපයක් විඳිනවාද? සැප දුක් දෙකම විඳිනවාද?"

"සැප දුක් දෙකම මිශ්‍රව විඳිනවා..."

"බොරු කීමෙන් වැළකිළා ඉන්න කෙනා ඒකාන්ත සැපයක් විඳිනවාද? සැප දුක් දෙකම විඳිනවාද?"

"සැප දුක් දෙකම මිශ්‍රව විඳිනවා..."

"මත්පැන් මත්ද්‍රව්‍ය භාවිතයෙන් වැළකිළා ඉන්න කෙනා ඒකාන්ත සැපයක් විඳිනවාද? සැප දුක් දෙකම විඳිනවාද?"

"සැප දුක් දෙකම මිශ්‍රව විඳිනවා..."

"තපස් කරන කෙනා ඒකාන්ත සැපයක් විඳිනවාද? සැප දුක් දෙකම විඳිනවාද?"

"සැප දුක් දෙකම මිශ්‍රව විඳිනවා..."

බුදුරජාණන් වහන්සේ වදාළා "එහෙනම් ඉතින් ඒකාන්ත සැපයක් කියලා කිව්වට ඕකේ තියෙන්නේ සැප දුක් මිශ්‍ර වුණු එකක් නෙව..." කියලා. භාග්‍යවතුන් වහන්සේ මේ විදිහට වදාළ විට සකුළුදායි "භාග්‍යවතුන් වහන්සේ ඒකත් කඩලා දැම්මා... සුගතයන් වහන්සේ ඒකත් කඩලා දැම්මා..." කියලා ආයෙමත් කෑගහන්න පටන් ගත්තා. බුදුරජාණන් වහන්සේ ඇසුවා "ඇයි එහෙම කිව්වේ...?" කියලා. සකුළුදායි කිව්වා "අපේ ගුරු පරම්පරාවෙන් තමයි ඕක ඉගෙන ගත්තේ. ඔබවහන්සේ කාරණා ඉදිරිපත් කරලා ඒකත් කඩලා දැම්මා..." කියලා.

ඒකාන්ත සැප විඳින මාවතක්...

සකුළුදායි කිව්වා "එහෙනම් කියන්න බලන්න ඔබවහන්සේ ළඟ ඒකාන්ත සැපයක් කරා යන වැඩපිළිවෙලක් තියෙනවද...?" කියලා. "ඔව් තියෙනවා. යම්කිසි භික්ෂුවක් මා විසින් ඉදිරිපත් කරන වැඩපිළිවෙල තුළ, පළමු ධ්‍යානය තුළ ඒකාන්ත සැපයක් විඳිනවා. දෙවෙනි ධ්‍යානයට සම වදිනවා. තුන්වෙනි ධ්‍යානයට සම වදිනවා. හතරවෙනි ධ්‍යානයට සම වදිනවා. ඒ ධ්‍යාන තුළ ඒකාන්ත සැපයක් විඳිනවා."

එතකොට පැහැදිලිවම පේනවා බුදුරජාණන් වහන්සේගේ ධර්මය තුළ සමාධිය ගැන, ධ්‍යාන ගැන කතා කරන බව. සමහරක් පොත්පත්වල තියෙනවා සමාධියක් ඕන නෑ... ධ්‍යාන ඕන නෑ... කියලා. ඒක එහෙම නම් ධර්මය තුළ සඳහන් වෙන මේවා ඔක්කොම පෞද්ගලික මතිමතාන්තර මිසක්, සත්‍ය නොවෙයි වෙන්න ඕන. අපි හිතමු කෙනෙකුට සමාධියකුත්, ධ්‍යානයකුත් නැති වුණු පමණින් සමාධියත්, ධ්‍යානයත් නැතැයි කියලා ඒවා ප්‍රතික්ෂේප කරන්න බැහැ. බුද්ධිමත් කෙනා එහෙම කරන්නේ නැහැ.

ඒකාන්ත සැප ලබන තවත් මගක්

ඊට පස්සේ බුදුරජාණන් වහන්සේ වදාළා "සකුළුදායි, ඒකාන්තයෙන් සැපය කරා යන්නේ ඔය විදිහට විතරක් නොවෙයි. තවත් ක්‍රමයක් තියෙනවා..." කියලා. එතකොට සකුළුදායි "ඒක නම් හරි තමයි. ඔය කියපු විදිහේ සමාධි මට්ටම නම් ඒකාන්ත සැපයක් කරා යන එකක් තමයි..." කියලා කිව්වා විතරයි අර ශෝලයෝ ටික හයියෙන් කෑගහන්න පටන් ගත්තා. එතකොට බලන්න බුදුරජාණන්

වහන්සේ නමක් ළඟ ඉඳගෙනත් ධර්මය අහගෙන හිටියේ තරහින්. දිගටම අහගෙන හිටියේ තරහින්. අහගෙන ඉඳලා සකුළුදායිට කියනවා "ගුරුන්නාසේත් එක්කම අපිත් ඉවරයි..." කියලා කෑ ගහලා බනින්න පටන් ගත්තා. සකුළුදායි "කතාව ඉවරවෙන තුරු පොඩ්ඩක් ඉන්න..." කියලා පිරිසට කිව්වා. ඉන්පසු බුදුරජාණන් වහන්සේට කිව්වා "ස්වාමීනි, ඔබවහන්සේ කියනවා ඒකාන්ත සැපයක් ලබන්න පුළුවන් තවත් වැඩපිළිවෙලක් තියෙනවා කියලා. මොකක්ද ඒ වැඩපිළිවෙල...?" කියලා.

"උදායි, තවත් එකක් තියෙනවා. ඒක තමයි තථාගත ශ්‍රාවකයා ශ්‍රද්ධාවට පැමිණිලා, පංච නීවරණ යටපත් කරලා, සතර සතිපට්ඨානයේ හිත පිහිටවලා, සමාධිය දියුණු කරලා, හතරවෙනි ධ්‍යානය දක්වා හිත දියුණු කරනවා. භික්ෂුව ඔය අයුරින් සිත සමාධිමත් වූ විට, සිත පිරිසිදු වූ විට, ප්‍රභාෂ්වර වූ විට, උපක්ලේශ බැහැර වූ විට, මෘදු බවට පත් වූ විට, කර්මණ්‍ය වූ විට, ස්ථිරව පිහිටි විට, අකම්පිතව පිහිටි විට පුබ්බේනිවාසානුස්සති ඤාණයට සිත යොමු කරනවා. ඒ විදිහට තථාගත ශ්‍රාවකයා පුබ්බේනිවාසානුස්සති ඤාණය ලබාගන්නවා..."

සදාතනික සැපය කරා...

ඊට පස්සේ උදායි අහනවා "ඔබවහන්සේ ළඟ ශ්‍රාවකයෙක් පැවිදි වෙන්නේ ඔය ධ්‍යාන ටික ලබාගන්න ද...?" කියලා. බුදුරජාණන් වහන්සේ වදාරනවා "නෑ... ඊට පස්සේ මම ඒ ශ්‍රාවකයන්ට චුතූපපාත ඤාණය ලබාගන්නා ආකාරය උගන්වනවා..." කියලා. චුතූපපාත ඤාණය කියලා කියන්නේ සත්වයන් කර්මානුරූපීව උපදින ආකාරයත්, කර්මානුරූපීව චුතවන ආකාරයත් දැනගන්නා ඤාණයටයි.

ඉන්පසු බුදුරජාණන් වහන්සේ වදාළා "සකුළුදායි, ඉන්පසු මම ශ්‍රාවකයන්ට චතුරාර්ය සත්‍යය අවබෝධ කරලා ආශ්‍රවයන් ප්‍රහාණය කරන ආකාරය උගන්වනවා. ඒ විදිහට ඉගැන්වූවාට පස්සේ ඒ ශ්‍රාවකයන් සියලු ආශ්‍රවයන් ප්‍රහාණය කරලා සදාකාලික සැපයට පත්වෙනවා..." කියලා.

මැණික් ගල් පය හැපුණාට, කණා ඇහිඳ ගනියිද...?

අර ගෝලයෝ ටික දත් මිටි කාගෙන තමයි අහගෙන හිටියේ. නමුත් සකුළුදායි කියපු ගමන්ම පැහැදුණා. පැහැදුණ ගමන් සකුළුදායි මේ ආකාරයේ තීරණයකට ආවා. "අනේ ස්වාමීනි, හරිම පුදුමයි... හරිම පුදුමයි... හරියට වහලා තිබුණ දෙයක් ඇරලා පෙන්නුවා වගේ. පාර වැරදුන කෙනෙකුට පාර පෙන්නුවා වගේ. කළුවරේ යන කෙනෙකුට තෙල් පහනක් දැල්លුවා වගේ. අනේ, බුදුරජාණන් වහන්ස, අද පටන් මම ඔබවහන්සේ සරණ යනවා. මම ධර්මයත්, ශ්‍රාවක සංඝරුවනත් සරණ යනවා. මට මේ තපස් ජීවිතයෙන් වැඩක් නෑ. ඒ නිසා මට භාග්‍යවතුන් වහන්සේ ළඟ පැවිදි උපසම්පදාව ලබාදෙන සේක්වා..." කියලා ඉල්ලා සිටියා.

ඔන්න මාර පිරිස කැළඹුණා. කවුද ඒ? තමන්ගේම ගෝල පිරිස. ඒ අය සකුළුදායිගේ අතින් අල්ලා ගත්තා "හා... හා... පිස්සුද? ඔබ ආචාර්ය කෙනෙක් වෙලත්, කාගෙවත් ගෝලයෙක් වෙන්නද යන්නේ? මේ විශාල වතුර භාජනයක් වෙලා හිටපු කෙනා මොකටද වතුර බිංදුවක් වෙන්න යන්නේ? මෙන්න මෙහෙ ඉන්න..." කියලා ඇහුවා. බලන්න බුදුරජාණන් වහන්සේ ඉදිරියේ බණ අහලත්, එක බණ පදයක්වත් ඇහිලද? එක බණ පදයකවත්

අර්ථය තේරුම් අරගෙනද? නැහැ. අපට බැන්නා කියලා ද්වේෂයෙන් හිටියේ. තමන්ගේ අදහසේම දැඩිව සිටියා.

නිවන් මගට අනතුරක්...

එතකොට සකුළුදායිට ශ්‍රද්ධාව තිබුණට වීර්යයක් තිබුණේ නැහැ. නුවණකුත් නැහැ. වීරියයි, නුවණයි තිබුණා නම් ගෝලයෝ ටික පන්නලා දාලා බුදුරජාණන් වහන්සේ ළඟ පැවිදි වෙනවා. බුදුරජාණන් වහන්සේ ඇස් දෙකෙන් දැකලත්, උන්වහන්සේගෙන් ධර්මයත් අහලත්, ඒ ධර්මය අවබෝධ කරගන්න සිතක් පහළ වුණේ නැහැ. කොයිතරම් අවාසනාවක්ද! ගෝලයෝ පිරිස සකුළුදායිට මෙහෙම කියනවා "භවත් උදායි, ශ්‍රමණ ගෞතමයන් ළඟ නම් පැවිදි වෙන්න එපා! ඔබ ආචාර්යවරයෙක් වෙලා ඉඳලා ගෝලයෙක් වෙන්න නම් එපා!" කියලා. දැන් බලන්න තමන් හදාගත්තු තමන්ගේම ගෝලයෝ පිරිස හතුරෝ වෙලා ඉන්න හැටි. ඒක හරියට තමන් හදාගත්තු තමන් ගේම දරුවෝ ටික තමන්ටම නිවන් මඟට බාධා පමුණුවනවා වගේ.

තමන් කිරි දීලා හදාගත්තු තමන්ගේම දරුවෝ දෙමව්පියන්ට ධර්මයේ හැසිරෙන්න දෙන්න නැති යුගයක් අද තියෙන්නේ. සමහර විට තමන්ම කසාද බඳින ස්වාමිපුරුෂයා හෝ භාර්යාව තමන්ට විමුක්තිය කරා යන්න දෙන්නේ නැහැ. ඒ වගේම තමන්ම හදාගත්තු තමන්ගේම ගෝල පිරිස තමන්ගේ නිවන් මඟට හතුරෝ වෙලා භාග්‍යවතුන් වහන්සේ ළඟ බ්‍රහ්මචාරීව හැසිරීමට සකුළුදායිට අනතුරක් කළා කියලා තමයි මේ දේශනාව අවසන් වෙන්නේ.

අවසාන අවස්ථාව...

බලන්න මෙයාට ධර්මය දියුණු කරන්න තියෙන අවස්ථාව නැති වුණා. අපටත් ඔය විදිහට අවස්ථා කීයක් නම් ලැබිලා අහිමි වෙන්න ඇද්ද? නමුත් දැන් අපට ආයෙමත් අවස්ථාවක් ලැබිලා තියෙනවා. මේ ලැබුණු දුර්ලභ අවස්ථාවෙන් සුළු පිරිසයි ප්‍රයෝජනය ගන්නේ. බොහෝ දෙනෙක් ඕනෑම දෙයක් අදහන පිරිසක් බවට පත්වෙලා. මේ වගේ උදවිය නිසා තමයි බුදුරජාණන් වහන්සේගේ ශාසනය විනාශ වෙලා යන්නේ.

බුදුරජාණන් වහන්සේගේ ධර්මයේ තියෙනවා සතර අපායට වැටෙන්න එපා කියලා. මේ සංසාරය දුකක්. අපි පැහැදිලිව තේරුම් ගන්න ඕන බුදුරජාණන් වහන්සේගේ ධර්මය තුළ ශ්‍රද්ධාවට පැමිණීම කොයිතරම් ශ්‍රේෂ්ඨ දෙයක්ද කියලා. මතක තියාගන්න අපි ශ්‍රද්ධාවට පැමිණෙන්නේ රොදු වගේ නෙවෙයි. ගල් කණු වගෙයි. අපි ඉන්න ඕන උපාලි සිටුවරයා සෝවාන් වෙලා හිටපු ආකාරයට. ශ්‍රද්ධාවට පැමිණිලා ගල් කණුවක් වගේ ඉන්න අපි දනගන්න ඕන. එහෙම නැත්නම් සැකෙන් සැකෙන් ඉදලා මියගියාට පස්සේ සතර අපායේ වැටෙන්නයි සිද්ධ වෙන්නේ. එහෙම නැතිවෙන්න නම් අපි සිව්දෙසින් හමන සුළඟට නොසෙල්වෙන ගල් කණුවක් වගේ ශ්‍රද්ධාව තුළ පිහිටලා ඉන්න ඕන. ඒ නිසා සියලු දෙනාම අචල ශ්‍රද්ධාවකට පැමිණෙත්වා!

සාදු! සාදු!! සාදු!!!

☸ ☸ ☸

මහාමේඝ ප්‍රකාශන

www.ingramcontent.com/pod-product-compliance
Lightning Source LLC
Chambersburg PA
CBHW060650030426
42337CB00017B/2534